Langsom Komfur Køkkenet

Over 100 lækre og nemme opskrifter til travle hverdage og dovne søndage

Charlotte Fransson

INDHOLDSFORTEGNELSE

INTRODUKTION

Velkommen til den ultimative Langsom Komfur kogebog! Denne kogebog er din guide til at skabe lækre, nærende og nemme måltider med bekvemmeligheden ved en Langsom Komfur. Uanset om du er en travl forælder, en studerende på et budget, eller bare ønsker at forenkle din madlavningsrutine, har denne kogebog noget for dig.

Med over 100 opskrifter dækker denne kogebog alt fra solide supper og gryderetter til trøstende gryderetter og smagfulde karryretter. Den bedste del? Alle disse opskrifter kan laves i din trofaste langsom komfur, så du kan indstille den og glemme den, indtil det er tid til at nyde dit lækre måltid.

Men langsom madlavning handler ikke kun om bekvemmelighed; det er også en sundere måde at lave mad på. Ved at tilberede maden langsomt og ved en lavere temperatur, bevares næringsstofferne og smagene, hvilket resulterer i et mere sundt og lækkert måltid.

I denne kogebog finder du opskrifter på morgenmad, frokost, aftensmad og endda dessert. Pisk nogle overnight havre eller en morgenmadsgryde op for en nærende start på din dag. Til frokost kan du prøve en trøstende suppe eller chili, der holder dig tilfreds hele eftermiddagen. Og til middag kan du vælge mellem en række lækre hovedretter, inklusive klassiske stege, krydrede karryretter og mørt pulled pork.

Men Langsom Komfuren er ikke kun til salte retter; du kan også bruge den til at lave lækre desserter som æblesprød, chokoladelavakage og endda cheesecake.

Opskrifterne i denne kogebog er designet til at være nemme at følge og kræver minimalt forberedelsesarbejde. Mange af dem bruger enkle, overkommelige ingredienser, som du sikkert allerede har i dit spisekammer. Og med bekvemmeligheden ved Langsom Komfuren, vil du være i stand til at nyde et lækkert, hjemmelavet måltid uden at bruge timer i køkkenet.

Så støv din Langsom Komfur af og gør dig klar til at lave nogle lækre, nærende måltider. Denne kogebog er den perfekte ressource for alle, der ønsker at forenkle deres måltidsforberedelsesrutine og nyde sunde, smagfulde måltider.

MORGENMAD

1. Hjemmelavet sojayoghurt

Gør: 6 kopper

INGREDIENSER:
- 4 kopper almindelig usødet sojamælk
- ½ kop naturlig, levende/aktiv kultur almindelig usødet sojayoghurt
- 1 tykt badehåndklæde eller tæppe

INSTRUKTIONER:
a) Kom sojamælken i Langsom Komfuren og sæt den på lav varme.
b) Stil til side, tildækket, i 3 timer.
c) Efter 3 timer piskes 2 kopper af den lune sojamælk og kulturyoghurten i.
d) Kom blandingen tilbage i Langsom Komfuren og rør forsigtigt rundt.
e) Sæt låget på igen og pakk slowcookeren ind i et håndklæde.
f) Lad det sidde i 8 timer.
g) Yoghurten skulle have sat sig på dette tidspunkt.

2. Grønkål-og-Gruyère Strata med tomater

Gør: 8

INGREDIENSER:

- Madlavningsspray
- ½ spsk olivenolie
- 1 gult løg, hakket
- 6 fed hvidløg, hakket
- 1-pund flerkornsbrød, skorper fjernet, skåret i 1-tommers terninger
- 4 ounce hakket toscansk grønkål
- 3 ounce Gruyère ost, revet
- ½ kop hakkede drænede soltørrede tomater i olivenolie
- 3 kopper 2% fedtfattig mælk
- 1 spsk dijonsennep
- ½ tsk kosher salt
- ½ tsk sort peber
- 10 æg, godt pisket

INSTRUKTIONER:

a) Varm olien op og svits løg og hvidløg.

b) Beklæd en Langsom Komfur let med madlavningsspray. Bland løgblandingen, brød, grønkål og tomater sammen i Langsom Komfuren.

c) Pisk mælk, dijon, salt, peber og æg sammen i en skål. Hæld i Langsom Komfur; pres brødblandingen, nedsænk den i mælkeblandingen. Top med Gruyère.

d) Kog ved LAV, indtil lagene når en indre temperatur på 165°F, cirka 3 timer og 45 minutter.

3. Langsom Komfur Bacon & Hash

Gør: 8

INGREDIENSER:
- ½ kop løg, hakket
- 12 æg
- 1 kop mælk
- 2 pund hashbrune kartofler
- ¼ tsk tør sennep
- 1 pund bacon, hakket
- ¼ tsk hvidløgspulver
- 3 kopper revet cheddarost
- 1 tsk salt
- ½ tsk peber

INSTRUKTIONER:
a) Pisk 12 æg godt blandet.
b) Pisk derefter mælk og hvidløgspulver, sennep, 1 tsk salt & ½ tsk peber i. Sæt til side.
c) Læg kartofler i lag og drys ⅓ af løgene.
d) Drys derefter ⅓ af baconen.
e) Sidst men ikke mindst toppes med 1 kop ost.
f) Gentag lagdelingen indtil alt er brugt op.
g) Hæld æggeblandingen over lagene.
h) Kog i cirka 7½ time ved lav temperatur, eller indtil æggene er stivnet.

4. Flanke Steak Morgenmad sandwich

Gør: 8

INGREDIENSER:
- 12-ounce flaske øl
- 1½ spsk olivenolie
- 1 laurbærblad
- 2 tsk majsstivelse
- 1 tsk vand
- 1 tsk paprika
- 1 tsk sort peber
- 1 tsk friske timianblade
- 1 tsk stødt spidskommen
- 2 spiseskefulde sojasovs med lavt natriumindhold
- ¾ tsk kosher salt
- 3 fed hvidløg, revet
- 8 små fuldkorns-hoagie-ruller, delt og ristet
- 2 pund flankebøf, trimmet
- 1 løg, skåret i tynde skiver
- 2 spsk mørk brun farin

INSTRUKTIONER:
a) Gnid krydderiet ved at piske olivenolie, paprika, brun farin, salt, spidskommen, peber og hvidløg.
b) Gnid bøffen på alle sider.
c) Læg løgskiverne i en Langsom Komfur; top med bøffen.
d) Tilsæt øl, sojasovs, laurbærblad og timian.
e) Steg langsomt indtil bøffen er mør, cirka 7½ time.
f) Læg bøf og løg til side.
g) Si væsken i en gryde.
h) Kog indtil saucen er reduceret, cirka 12 minutter.
i) Rør majsstivelse og vand sammen i en skål; dryp i saucen, og pisk indtil det er blandet.
j) Kog på lavt niveau, omrør ofte, indtil det er tyknet, cirka 1 minut. Riv bøffen.
k) Læg bøf og løg i lag på de ristede rundstykker.
l) Server sandwich med saucen i dyppeskåle.

5. Overnight Steel Cut Havre

Giver: 6 portioner

INGREDIENSER:
- ½ tsk kosher salt
- 1½ kop stålskåret havre
- 1½ tsk stødt kanel
- 4 kopper vand
- 2 mosede modne bananer
- ½ tsk frisk revet muskatnød
- 3 spsk malet hørfrømel
- 1 tsk vaniljeekstrakt
- 2 kopper mælk

INSTRUKTIONER:
a) Placer alle ingredienserne i bunden af en 4-til-6-quart Langsom Komfur og rør rundt for at kombinere.
b) Kog langsomt i cirka 7½ time.

6. Søde kartofler og æbler i rom

Gør: 6

INGREDIENSER:

- ¼ tsk sort peber
- 3 søde kartofler, skrubbet og prikket med en gaffel
- ½ tsk stødt kanel
- 1 spsk æblecidereddike
- ½ tsk kosher salt
- 2 spsk mørk rom
- 1 spsk usaltet smør

TOPPING

- 2 kopper skrællede og hakkede Granny Smith æbler
- Friske salvieblade
- 3 spsk hakkede pekannødder, ristede

INSTRUKTIONER:

a) Kombiner alle ingredienserne, undtagen toppingen, i en 6-quart Crockpot.

b) Kog dem langsomt, indtil kartoflerne er møre, cirka 6 timer.

c) Fjern kartoflerne, og halver dem på langs.

d) Top med æbler, pekannødder og salvieblade.

SUPPER OG GRYDE

7. Sydindisk tomat- og tamarindsuppe

Gør: 12 kopper

INGREDIENSER:

- ½ kop tørrede flækkede og flåede dueærter, renset og vasket
- 4 tomater, skrællede og groft hakkede
- 1 stykke ingefærrod, skrællet og revet eller hakket
- 2 tsk groft havsalt
- 1 tsk gurkemejepulver
- 1 kop Tamarind Juice
- 2 spsk Rasam pulver
- 7 kopper vand
- 1 spsk olie
- 1 tsk sorte sennepsfrø
- 1 tsk spidskommen frø
- 20 karryblade, hakket groft
- 1 spsk hakket frisk koriander, til pynt
- Citronbåde, til pynt

INSTRUKTIONER:

a) Kombiner dueærter, tomater, ingefærrod, salt, gurkemeje, tamarindjuice, Rasam-pulver og vand i en langsom komfur.

b) Kog i 3 timer ved høj temperatur.

c) Blend med en stavblender.

d) Varm olien op i en sauterpande ved middel varme.

e) Tilsæt sennep og spidskommen og kog i 30 sekunder, eller indtil blandingen syder.

f) Tilsæt karryblade, og kog indtil de er let brune og begynder at krølle.

g) Placer den varme blanding i Langsom Komfuren.

h) Kog suppen i yderligere 30 minutter før servering, pyntet med koriander og en citronskive.

8. Ingefærsuppefond

Gør: 7 kopper

INGREDIENSER:
- 2 gule løg, pillede
- 2 pund ingefærrod, skrællet
- 2 kopper hvidløg, pillet og skåret
- 4 spsk spidskommen frø
- 4 spsk gurkemejepulver
- ½ kop olie
- ½ kop vand

INSTRUKTIONER:
a) I en blender males løg, ingefærrod og hvidløg hver for sig.
b) Til Langsom Komfuren tilsættes spidskommen, gurkemeje og olie.
c) Tøm blenderblandingen i Langsom Komfuren.
   Rør forsigtigt, og kog i 10 timer ved høj temperatur.

9. Ayurvedisk tomatsuppefond

Gør: 4½ kopper

INGREDIENSER:
- 1 løg, pillet og hakket groft
- 4 tomater, skrællede og groft hakkede
- 1 kop skrællet og groft hakket ingefærrod
- 10 fed hvidløg, pillet og skåret
- 1 spsk gurkemejepulver
- ¼ kop olie

INSTRUKTIONER:
a) Kom alle ingredienserne i slowcookeren og bland forsigtigt.
b) Kog ved høj i 6 timer.
c) Bearbejd blandingen, til den er jævn med en stavblender.
d) Vend tilbage til Langsom Komfuren og kog i endnu en time ved høj varme.

10. Langsom Komfur ørredgryderet

Giver: 4 portioner

INGREDIENSER
- 4 ørreder
- 1 tsk allehånde
- 1 tsk paprika
- 1 tsk koriander
- 2 spsk olivenolie
- 6 forårsløg, skåret i tykke skiver
- 1 rød peberfrugt, hakket
- 2 tomater, groft hakkede
- 1 tsk tørrede chiliflager
- 1 tsk timian
- 1 kop fiskefond
- salt og peber efter smag
- brød at servere

INSTRUKTIONER
a) Bland krydderierne og drys dem over ørrederne.
b) Tilsæt ørred til varm olie i en stegepande og steg, indtil de er brune.
c) Arranger det i Langsom Komfur-gryden.
d) Tilsæt de resterende ingredienser sammen med eventuelle rester af krydderier og bring det i kog.
e) Kog ørreden i to timer.
f) Server med brød.

11. Oksekød og svinekød Gumbo

Gør: 3

INGREDIENSER:
- ¼ spsk olivenolie
- ¼ lbs. græsfodret hakket oksekød
- ¼ lbs. hakket svinekød
- 1 mellemstor tomatillo, hakket
- ⅛ små gule løg, hakket
- ½ jalapeñopeber, hakket
- ½ fed hvidløg, hakket
- ¼ (6 oz) dåse sukkerfri tomatsauce
- ¼ spsk chilipulver
- ¼ spsk stødt spidskommen
- Salt og friskkværnet sort peber efter smag
- 1 spsk vand
- 2 spsk cheddarost, revet

INSTRUKTIONER:

a) Kom olien og alle ingredienserne i instant-gryden.
b) Rør godt rundt og sæt låget fast.
c) Indstil komfuret til 'slow cook' ved højt tryk i 4 timer.
d) Når det er gjort 'Natural release' dampen og fjern låget.
e) Serveres varm.

12. Brunswick Stew

Gør: 8 TIL 10 SERVERINGER

INGREDIENSER:
- 6 kopper hønsebouillon
- 2 kopper Langsom Komfur BBQ Pulled Pork
- 2 kopper hakket kylling, kogt
- 2 kopper frosne eller tørre lima bønner
- 3 mellemstore rødbrune kartofler, skrællet og skåret i tern
- 1 (14-ounce) dåse tomater i tern i tomatjuice
- 1 stort rødløg i tern
- 1½ kopper frosne ærter og gulerødder
- 1½ kopper frossen okra
- 1 kop frosne majs
- 1 kop hickory BBQ sauce
- 3 fed hvidløg, hakket
- 2 spsk Worcestershire sauce
- 2½ tsk kryddersalt
- 1 tsk kværnet sort peber
- ½ tsk stødt spidskommen

INSTRUKTIONER:
a) Tilføj alle ingredienserne til en 6-quart langsom komfur. Rør indtil alt er godt indarbejdet. Læg låg på slowcookeren, og sæt varmen på lav.
b) Kog i 5 timer, og server derefter. Eventuelle rester kan opbevares i en lufttæt beholder i køleskabet i op til 5 dage.

13. Oksehalegryderet

Gør: 6 TIL 8 portioner

INGREDIENSER

½ kop universalmel

3½ tsk kryddersalt

2 tsk paprika

½ tsk malet sort peber

4 pund oksehaler, fedt trimmet

¼ kop vegetabilsk olie

1 stort gult løg, hakket

1 (14,5 ounce) dåse tomater i tern

4 fed hvidløg

3 kviste frisk timian

3 laurbærblade

1 (6-ounce) dåse tomatpure

1 liter (32 ounce) oksebouillon

1 pund babygulerødder

1½ pund babyrøde kartofler, hakket

INSTRUKTIONER

Tag en stor lynlås-frysepose, og tilsæt mel, kryddersalt, paprika og sort peber. Ryst posen for at sikre, at alt er godt indarbejdet. Begynd at tilføje oksehalerne, en ad gangen, og ryst posen for at belægge dem. Når oksehalerne er belagte, lægges de på en tallerken eller bageplade.

Hæld vegetabilsk olie i en stor gryde over medium varme. Når olien er varm, begynder du at tilføje oksehalerne. Brun alle overflader af oksehalerne, cirka 3 minutter på hver side, og fjern dem derefter fra gryden og læg dem i en 6-liters langsom komfur.

Smid løget i gryden og steg det møre. Tilsæt til Langsom Komfuren med oksehalerne sammen med tomater, hvidløg, timian og laurbærblade.

I en stor skål kombineres tomatpuré og oksebouillon og blandes godt sammen. Hæld denne blanding i Langsom Komfuren, sæt Langsom Komfuren på lav og kog i 6 timer.

Tilsæt gulerødder og kartofler, rør rundt og kog i 2 timer mere. Så server og nyd!

NET

14. Kanel quinoa med ferskner

Gør: 6

INGREDIENSER:

- Madlavningsspray
- 2½ dl vand
- ½ tsk stødt kanel
- 1 ½ kop fedtfri halv og halv
- 1 kop ukogt quinoa, skyllet, drænet
- ¼ kop sukker
- 1½ tsk vaniljeekstrakt
- 2 kopper frosne, usødede ferskenskiver
- ¼ kop hakkede pekannødder, tørristede

INSTRUKTIONER:

a) Beklæd en Langsom Komfur med madlavningsspray.

b) Fyld med vand og kog quinoa og kanel i 2 timer ved lav temperatur.

c) I en separat skål piskes halvt og halvt, sukker og vaniljeessens sammen.

d) Hæld quinoaen i skåle.

e) Tilsæt ferskerne på toppen efterfulgt af halv-og-halv-blandingen og pekannødder.

15. Almindelige Adzuki bønner

Gør: 8 kopper

INGREDIENSER:
- 3 kopper hele tørrede adzukibønner, plukket og vasket
- 5 kopper vand

INSTRUKTIONER:
a) Kombiner bønnerne og vandet i slowcookeren.
b) Kog i 3 timer ved lav temperatur.
c) Skyl bønnerne med koldt vand i et dørslag for at stoppe tilberedningen og dræne overskydende væske.

16. Langsomt kogte bønner og linser

Gør: 10 kopper

INGREDIENSER:

- 2 kopper tørrede lima bønner, plukket og vasket
- ½ gult eller rødløg, pillet og hakket groft
- 1 tomat, i tern
- 1 stykke ingefærrod, skrællet og revet eller hakket
- 2 fed hvidløg, pillede og revet eller hakket
- 2 grønne thai-, serrano- eller cayenne-chiles, hakket
- 3 hele nelliker
- 1 tsk spidskommen frø
- 1 tsk rødt chilepulver eller cayennepepper
- en teskefuld groft havsalt
- ½ tsk gurkemejepulver
- ½ tsk garam masala
- 7 kopper vand
- ¼ kop hakket frisk koriander

INSTRUKTIONER:

a) I slowcookeren kombineres alle ingredienserne undtagen koriander.
b) Kog ved høj varme i 7 timer, eller indtil bønnerne er brudt sammen og bliver cremede.
c) Tag nellikeren ud.
d) Pynt med frisk koriander.

17. Chana og Split Moong Dal med peberflager

Gør: 8 kopper

INGREDIENSER:
- 1 kop delt gram, plukket og vasket
- 1 kop tørrede flækkede grønne linser med skind, plukket og vasket
- ½ gult eller rødløg, pillet og skåret i tern
- 1 stykke ingefærrod, skrællet og revet eller hakket
- 4 fed hvidløg, pillede og revet eller hakket
- 1 tomat, skrællet og skåret i tern
- 2 grønne thai-, serrano- eller cayenne-chiles, hakket
- 1 spsk plus 1 tsk spidskommen frø, delt
- 1 tsk gurkemejepulver
- 2 tsk groft havsalt
- 1 tsk rødt chilepulver eller cayennepepper
- 6 kopper vand
- 2 spsk olie
- 1 tsk rød peberflager
- 2 spsk hakket frisk koriander

INSTRUKTIONER:
a) I slowcookeren kombineres de delte gram, grønne linser, løg, ingefærrod, hvidløg, tomat, chili, 1 spiseskefuld spidskommen, gurkemeje, salt, rødt chilipulver og vand.
b) Kog i 5 timer ved høj temperatur.
c) Mod slutningen af tilberedningstiden opvarmes olien i en lav gryde ved middel varme.
d) Bland de resterende 1 tsk spidskommen i.
e) Tilsæt de røde peberflager, når olien er varm.
f) Kog i ikke mere end 30 sekunder.
g) Vend linserne med denne blanding og koriander.
h) Server som suppe.

18. Byg Risotto

Gør: 8

INGREDIENSER:
- 2 ¼ kopper afskallet byg, skyllet
- 4 fed hvidløg, hakket
- 1 (8-ounce) pakke knap champignon, hakket
- 6 kopper grøntsagsbouillon med lavt natriumindhold
- ½ tsk tørrede merianblade
- ⅛ teskefuld sort peber
- ⅔ kop revet parmesanost

INSTRUKTIONER:
a) Bland byg, hvidløg, svampe, bouillon, merian og peber i en 6-quart langsom komfur.
b) Dæk til og kog ved lav temperatur i 7 til 8 timer, eller indtil byggen har absorberet det meste af væsken og er mør, og grøntsagerne er møre.
c) Rør parmesanosten i og server.
a) Kan serveres lun eller kølig.

19. Lamme-, byg- og abrikostagine

Gør: 8

INGREDIENSER:

- 3 kopper usaltet oksefond
- ½ kop gyldne rosiner
- 1 kop tørrede abrikoshalvdele
- 1½ tsk stødt spidskommen
- ½ tsk cayennepeber
- 3 spsk tomatpure
- 2 tsk kosher salt
- ½ kop hakket frisk koriander
- 2½ kopper hakket hvidløg
- 1 kop ukogt fuldkornsskallet byg
- 2 kanelstænger
- 1 tsk stødt koriander
- 8 fed hvidløg, hakket
- 2 pund lammeben, trimmet og skåret i tern
- 1 spsk frisk citronsaft

INSTRUKTIONER:

a) Kombiner bouillon, løg, byg, abrikoser, tomatpasta, salt, spidskommen, koriander, cayenne, hvidløg og kanelstænger i en langsom komfur.

b) Steg lammet i en varm stegepande i cirka 8 minutter, vend det af og til, indtil det er brunet på alle sider.

c) Tilføj det til Langsom Komfuren, og kog langsomt i cirka 8 timer.

d) Smid kanelstængerne ud.

e) Før servering tilsættes koriander, rosiner og citronsaft til Crockpot-blandingen.

20. <u>Fedtfattig kanel quinoa med ferskner</u>

Gør: 6

INGREDIENSER:
- Madlavningsspray
- 2½ dl vand
- ½ tsk stødt kanel
- 1 ½ kop fedtfri halv og halv
- 1 kop ukogt quinoa, skyllet, drænet
- ¼ kop sukker
- 1½ tsk vaniljeekstrakt
- 2 kopper frosne, usødede ferskenskiver
- ¼ kop hakkede pekannødder, tørristede

INSTRUKTIONER:
- Beklæd en Langsom Komfur med madlavningsspray.
- Fyld med vand og kog quinoa og kanel i 2 timer ved lav temperatur.
- I en separat skål piskes halvt og halvt, sukker og vaniljeessens sammen.
- Hæld quinoaen i skåle.
- Tilsæt ferskerne på toppen efterfulgt af halv-og-halv-blandingen og pekannødder.

21. <u>Urteplante vilde ris</u>

Gør: 8

INGREDIENSER:
- 3 kopper vilde ris, skyllet og drænet
- 6 kopper ristet grøntsagsbouillon
- ½ tsk salt
- ½ tsk tørrede timianblade
- ½ tsk tørrede basilikumblade
- 1 laurbærblad
- ⅓ kop frisk fladbladet persille

INSTRUKTIONER:
a) Bland de vilde ris, grøntsagsbouillon, salt, timian, basilikum og laurbærblad i en 6-quart langsom komfur.
b) Luk og kog ved svag varme i 4 til 6 timer.
c) Du kan tilberede denne ret længere, indtil de vilde ris springer, hvilket tager omkring 7 til 8 timer.
d) Fjern og kassér laurbærbladet.
e) Rør persillen i og server.

22. Tex-Mex Quinoa

Giver 12 portioner

ingredienser

- 1 kop (180 g) ukogt quinoa, skyllet
- 1 lb. (450 g) ekstra magert malet kalkunbryst
- 115 oz. dåse (425g) sorte bønner, drænet/skyllet
- 115 oz. dåse (425g) sukkermajs, drænet/skyllet
- 110 oz. dåse (285 g) tomater i tern og grøn chili
- 110 oz. dåse (285g) rød enchiladasauce
- 1 ½ kop (350 ml) kylling/grøntsagsbouillon eller vand
- 1 grøn peberfrugt, hakket ½ kop (80 g) hakket løg 2 jalapeño, frøet
- 1 spsk hakket hvidløg
- 2 spsk tacokrydderi

Vejbeskrivelse

a) Tilføj alt til Langsom Komfuren. Rør godt sammen.

b) Skru varmen til lav. Lad koge i 6-8 timer, langsomt og lavt. Rør en eller to gange under hele tilberedningstiden. (Kog ved høj temperatur i 4 timer, hvis du er i tidsnød).

c) Server med græsk yoghurt som cremefraiche-erstatning, salsa og avocado eller guacamole.

23. <u>Mason krukke Bolognese</u>

ingredienser

- 2 spsk olivenolie
- 1 pund hakket oksekød
- 1 pund italiensk pølse, tarme fjernet
- 1 løg, hakket
- 4 fed hvidløg, hakket
- 3 (14,5 ounce) dåser hakkede tomater, drænet
- 2 (15-ounce) dåser tomatsauce
- 3 laurbærblade
- 1 tsk tørret oregano
- 1 tsk tørret basilikum
- ½ tsk tørret timian
- 1 tsk kosher salt
- ½ tsk friskkværnet sort peber
- 2 (16 ounce) pakker fedtfattig mozzarellaost, i tern
- 32 ounce ubehandlet fuldkornsfusilli, kogt i henhold til pakkens instruktioner; omkring 16 kopper kogt

Vejbeskrivelse

a) Varm olivenolien op i en stor stegepande ved middelhøj varme. Tilsæt hakkebøffer, pølse, løg og hvidløg. Kog indtil brunet, 5 til 7 minutter, og sørg for at smuldre oksekødet og pølsen, mens det tilberedes; dræn overskydende fedt.

b) Overfør hakkebøfblandingen til en 6-quart langsom komfur. Rør tomater, tomatsauce, laurbærblade, oregano, basilikum, timian, salt og peber i. Dæk til og kog ved svag varme i 7 timer og 45 minutter. Tag låget af og drej slowcookeren til høj. Fortsæt med at koge i 15 minutter, indtil saucen er tyknet. Kassér laurbærbladene og lad saucen køle helt af.

c) Fordel saucen i 16 (24-ounce) bredmundede glaskrukker med låg eller andre varmebestandige beholdere. Top med mozzarella og fusilli. Stil på køl i op til 4 dage.

d) For at servere, mikroovn, afdækket, indtil det er opvarmet, cirka 2 minutter. Rør for at kombinere.

24. Langsom Komfur Salsa Tyrkiet

Giver 6 portioner

ingredienser

- 20 oz. (600 g) ekstra magert malet kalkunbryst
- 1 15,5 oz. krukke (440 g) salsa
- salt og peber efter smag (valgfrit)

Vejbeskrivelse

a) Tilføj din malede kalkun og salsa til din Langsom Komfur.

b) Skru varmen til lav. Lad koge i 6-8 timer, langsomt og lavt. Rør en eller to gange under hele tilberedningstiden. (Kog ved høj temperatur i 4 timer, hvis du er i tidsnød).

c) Server med ekstra kold salsa, græsk yoghurt som cremefraiche-erstatning, ost eller grønt løg!

d) Holder sig 5 dage i køleskabet, eller 3-4 måneder i fryseren.

25. Carnitas skåle til forberedelse af måltider

ingredienser

- 2 ½ tsk chilipulver
- 1 ½ tsk stødt spidskommen
- 1½ tsk tørret oregano
- 1 tsk kosher salt, eller mere efter smag
- ½ tsk kværnet sort peber eller mere efter smag
- 1 (3-pund) svinekam, overskydende fedt trimmet
- 4 fed hvidløg, pillede
- 1 løg, skåret i tern
- Saft af 2 appelsiner
- Saft af 2 limefrugter
- 8 kopper strimlet grønkål
- 4 blommetomater, hakkede
- 2 (15-ounce) dåser sorte bønner, drænet og skyllet
- 4 kopper majskerner (frosne, dåse eller ristede)
- 2 avocadoer, halveret, udstenet, skrællet og skåret i tern
- 2 limefrugter, skåret i tern

Vejbeskrivelse

a) Kombiner chilipulver, spidskommen, oregano, salt og peber i en lille skål. Krydr svinekødet med krydderiblandingen, og gnid det grundigt ind på alle sider.

b) Læg svinekød, hvidløg, løg, appelsinjuice og limesaft i en langsom komfur. Dæk til og kog på lav i 8 timer, eller på høj i 4 til 5 timer.

c) Tag svinekødet ud af komfuret og riv kødet. Kom det tilbage i gryden og vend det med saften; smag til med salt og peber, evt. Dæk til og hold varm i yderligere 30 minutter.

d) Læg svinekød, grønkål, tomater, sorte bønner og majs i måltidsbeholdere. Holder sig tildækket i køleskabet i 3-4 dage. Server med avocado og limebåde.

26. Grønne bønner, kartofler og bacon

Gør: 6 portioner

INGREDIENSER

1 pund bacon ender, hakket

1 pund babyrøde kartofler, skåret i halve eller kvarte

1 pund friskskårne grønne bønner

3 kopper hønsebouillon

1 mellemstor gult løg, hakket

1 stor jalapeñopeber, hakket (valgfrit)

1½ spsk hakket hvidløg

½ tsk revet sort peber

INSTRUKTIONER

Tilføj alle ingredienserne til en 6-quart langsom komfur. Tænd for Langsom Komfuren og læg låg på. Kog i 4 timer, og server derefter. og nyde!

27. Pinto bønner og skinkehaser

Gør: 8 portioner

INGREDIENSER

1 stor skinkehase eller røget kalkunvinge

7 kopper vand

3 kopper tørre pinto bønner, sorteret og vasket

1 medium gult løg, skåret i tern

1 spsk hakket hvidløg

2 tsk kryddersalt

½ tsk malet sort peber

Hakket grønne løg, til pynt (valgfrit)

2 til 2½ kopper dampet ris

INSTRUKTIONER

Tilsæt skinkehase, vand, bønner, løg, hvidløg, salt og peber til en 6-liters langsom komfur. Sæt på høj, dæk til og kog i 6 timer.

Når bønnerne er færdige, pyntes med grønne løg og serveres over ris.

28. Langsom Komfur BBQ Pulled Pork

Gør: 6 portioner

INGREDIENSER

2 til 3 pund svinekødssteg

1 spiseskefuld vegetabilsk olie

2 spsk flydende røg

2 tsk æblecidereddike

¼ kop mørk brun farin

2 spsk røget paprika

2 tsk kosher salt

1 tsk kværnet sort peber

1 tsk sennepspulver

1 til 1½ kopper hickory BBQ sauce

INSTRUKTIONER

Placer stegen på en stor bageplade og dryp den vegetabilske olie over det, efterfulgt af den flydende røg og eddike.

I en lille skål kombineres sukkeret med paprika, salt, peber og sennepspulver. Overtræk stegen med krydderiblandingen.

Placer stegen i en 6-liters Langsom Komfur og dæk med låg. Kog ved lav temperatur i 4 timer.

Striml kødet, og hæld BBQ-saucen i. Rør rundt, og kog derefter i yderligere 2 timer (stadig på lavt niveau). Så server og nyd!

29. Langsom Komfur Hvidløg-Fyldt Flæskesteg

Gør: 8 TIL 10 portioner

INGREDIENSER

3 til 4 pund udbenet svinekødssteg

6 til 8 fed hvidløg

1 kop hakkede grønne løg

1 (0,75 ounce) pakke ranchkrydderier

1 tsk kværnet sort peber

2 kopper hønsebouillon

1 pund babygulerødder

1 pund røde kartofler, vaskede og hakkede

INSTRUKTIONER

Prik 6 til 8 huller i stegen og fyld dem med hvidløgsfed. Placer forsigtigt stegen i en 6-quart langsom komfur.

Smid de grønne løg i, og drys derefter ranch-krydderierne og sort peber over hele stegen. Hæld kyllingebouillonen i. Sæt Langsom Komfuren på høj og kog i 2 timer.

Tilsæt gulerødder og kartofler, rør rundt og kog i 2 timer mere. Tjene.

30. Langsom Komfur oksebryst

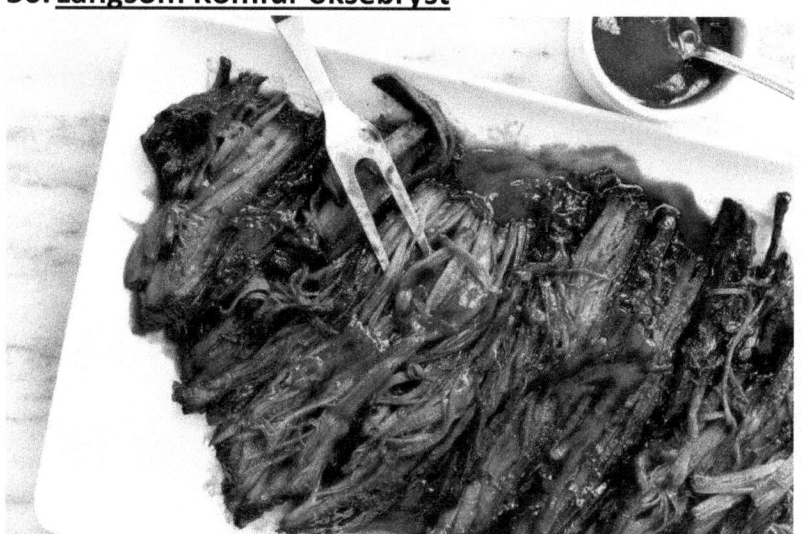

Gør: 10 TIL 12 portioner

INGREDIENSER

2 spsk ekstra jomfru olivenolie

2 spsk æblecidereddike

1 spsk flydende røg

½ kop lys brun farin

2 spsk hvidløgspulver

2 spsk løgpulver

2 spsk paprika

1 spsk kosher salt

1 spsk tørrede persilleflager

1 tsk kværnet sort peber

1 tsk cayennepeber

7 til 8 pund oksebryst

INSTRUKTIONER

I en lille røreskål kombineres olie, eddike, flydende røg, sukker, hvidløgs- og løgpulver, paprika, salt, persille, sort peber og cayennepeber med et piskeris. Gnid blandingen over hele brystet.

Spray en 6-quart langsom komfur med nonstick-spray og placer brystet indeni. Sæt Langsom Komfuren på lav og kog i 12 timer.

Beklæd en 9-x-13-tommer bradepande med aluminiumsfolie. Når brystet er færdigt, skal du forsigtigt fjerne det fra Langsom Komfuren og placere det i den forberedte bageform. Tænd ovnen på stegning og steg brystet, indtil "barken" (ruden) er mørkebrun, 3 til 5 minutter. Tag brystet ud af ovnen, dæk det med alufolie, og lad det hvile i 1 time før servering.

31. Langsom Komfur kvælede oksehaler

Gør: 4 portioner

INGREDIENSER

2½ pund oksehaler
2 tsk kosher salt
1 tsk friskkværnet eller kværnet sort peber
2 spsk Worcestershire sauce
1¼ kopper universalmel, delt
¾ kop vegetabilsk olie
3 kopper oksebouillon eller vand
1 stort gult løg, skåret i skiver
3 fed hvidløg, hakket
Frisk hakket persille, til pynt

INSTRUKTIONER

I en stor røreskål smages oksehalerne til med salt og peber. Dryp Worcestershire-sauce over det hele, og smid oksehalerne for at sikre, at de er dækket. Drys ¼ kop af melet over oksehalerne, og vend igen for at sikre en jævn belægning.

I en stor sauterpande over medium varme hældes vegetabilsk olie i. Når olien er varm tilsættes oksehalerne. Når de er pæne og brune, skal du fjerne dem fra gryden og komme dem i en 6-liters Langsom Komfur, mens du forbereder sovsen. Hvis der er brændte kødstykker i gryden, hæld olien ud, si, rens gryden, og hæld derefter den filtrede olie tilbage i gryden.

Over medium varme begynder du at tilføje den resterende 1 kop mel i gryden, kun en lille smule ad gangen. Pisk løbende. Når melet er brunt, der ligner tykt jordnøddesmør, hældes bouillonen langsomt i. Pisk mens du hælder!

Sørg for at alt er klumpfrit, og skru derefter varmen fra middel til høj. Når sovsen når et helt opkog, reduceres varmen til medium og tilsæt løg og hvidløg. Rør sovsen og lav en smagstest. Tilsæt salt og peber efter smag.

Sluk for varmen og hæld sovsen i slowcookeren, og dæk oksehalerne. Sæt slowcookeren på høj og kog i 8 timer. Top med persille og server med kartoffelmos eller ris.

32. Kål i Punjabi-stil

Gør: 7 kopper

INGREDIENSER:
- 3 spiseskefulde (45 ml) olie
- 1 spsk spidskommen frø
- 1 tsk gurkemejepulver
- ½ gult eller rødløg, pillet og skåret i tern
- 1 stykke ingefærrod, skrællet og revet eller hakket
- 6 fed hvidløg, pillede og hakket
- 1 mellemstor kartoffel, skrællet og skåret i tern
- 1 mellemstor hvidkål, yderste blade fjernet og fintrevet (ca. 8 kopper [560 g])
- 1 kop (145 g) ærter, friske eller frosne
- 1 grøn thai-, serrano- eller cayenne-chile, stilken fjernet, hakket
- 1 tsk stødt koriander
- 1 tsk stødt spidskommen
- 1 tsk kværnet sort peber
- ½ tsk rødt chilipulver eller cayennepepper
- 1½ tsk havsalt

INSTRUKTIONER:
a) Kom alle ingredienserne i slowcookeren og bland forsigtigt.

b) Kog ved lav temperatur i 4 timer. Server med hvide eller brune basmatiris, roti eller naan. Dette er et godt fyldstof til en pita med et lille skvæt sojayoghurt raita.

33. Polenta med tomater og parmesan

Gør: 4

INGREDIENSER:
- 2 kopper usaltet grøntsagsfond
- 2 kopper 1% fedtfattig mælk
- 1 kop vand
- 1 kop ubehandlet stenmalet polenta eller polenta
- ½ tsk kosher salt
- ½ tsk sort peber
- 1½ ounce parmesanost, revet
- 1½ spsk usaltet smør
- 3 kopper cherrytomater
- 1 spsk olivenolie
- 2 spsk hakket frisk basilikum
- 1 tsk balsamico- eller rødvinseddike
- 1-ounce brøndkarse eller mesclun greens
- ½ ounce parmesanost barberet

INSTRUKTIONER:
a) Rør bouillon, mælk, vand, polenta og ¼ teskefuld salt og peber sammen i en Crockpot. Kog langsomt, tildækket, indtil væsken er absorberet og polentaen er blød, 3 til 4 timer, under omrøring hver time. Tilsæt revet parmesan og smør under omrøring. Dæk til og lad stå indtil servering.

b) Forvarm ovnen til 450°F. Rør tomater, olivenolie og de resterende ¼ tsk. salt og peber sammen. Læg tomaterne på en bageplade beklædt med aluminiumsfolie. Bag i den forvarmede ovn, indtil tomaterne er bløde og let forkullet, 10 til 12 minutter.

c) Læg de forkullede tomater og juice i en skål; tilsæt basilikum og eddike, omrør forsigtigt for at kombinere. Fordel polentaen i 4 skåle; top med tomatblandingen, brøndkarse og barberet parmesan.

34. Gurkemeje bønner og linser

Gør: 10 kopper

INGREDIENSER::
d) 2 kopper tørrede lima bønner, plukket og vasket
e) ½ gult eller rødløg, pillet og hakket groft
f) 1 tomat, i tern
g) 1 stykke ingefærrod, skrællet og revet eller hakket
h) 2 fed hvidløg, pillede og revet eller hakket
i) 2 grønne thai-, serrano- eller cayenne-chiles, hakket
j) 3 hele nelliker
k) 1 tsk spidskommen frø
l) 1 tsk rødt chilepulver eller cayennepepper
m)   en teskefuld groft havsalt
n) ½ tsk gurkemejepulver
o) ½ tsk garam masala
p) 7 kopper vand
q) ¼ kop hakket frisk koriander

INSTRUKTIONER:
a) I slowcookeren kombineres alle ingredienserne undtagen koriander.
b) Kog ved høj varme i 7 timer, eller indtil bønnerne er brudt sammen og bliver cremede.
c) Tag nellikeren ud.
d) Pynt med frisk koriander.

35. Risotto med grønne bønner og søde kartofler

Gør: 8

INGREDIENSER:
- 1 stor sød kartoffel
- 5 fed hvidløg, hakket
- 2 kopper kortkornet brune ris
- 1 tsk tørrede timianblade
- 7 kopper grøntsagsbouillon med lavt natriumindhold
- 2 kopper grønne bønner, skåret i to på tværs
- 3 spsk usaltet smør
- ½ kop parmesanost

INSTRUKTIONER:
a) Bland sød kartoffel, hvidløg, ris, timian og bouillon i en 6-quart langsom komfur.

b) Dæk til og kog over lav varme i 3 til 4 timer.

c) Bland de grønne bønner i.

d) Dæk til og kog ved svag varme i 37 minutter.

e) Rør smør og ost i. Dæk til og kog ved lav temperatur i 20 minutter, rør derefter rundt og server.

36. Kokos karry linser

Gør: 10

INGREDIENSER:

- 2 kopper brune linser
- 14 oz dåse kokosmælk, fuldfedt
- 3 spsk karrypulver
- 2 fed hvidløg
- 1 gult løg
- 15 oz tomatsauce
- 1 3/4 lb. sød kartoffel
- 3 kopper grøntsagsbouillon
- 2 gulerødder
- 15 oz små tomater i tern
- 1/4 tsk stødt nelliker

TIL SERVERING

- 1/2 rødløg
- 1/2 bundt frisk koriander
- 10 kopper kogte ris

INSTRUKTIONER:

a) Hak hvidløget og hak løget. Skær de skrællede gulerødder i skiver og skær den søde kartoffel i ¼ til ½ tomme tern.

b) Kombiner hvidløg, løg, sød kartoffel, gulerødder, linser, karrypulver, nelliker, hakkede tomater, tomatsauce og grøntsagsbouillon i en langsom komfur. Rør alt sammen.

c) Indstil Langsom Komfur-indstillingen til høj i 4 timer eller lav i 7-8 timer. Når linserne er færdige, skal de være møre og det meste af væsken absorberes.

d) Kom linserne og kokosmælken sammen i en røreskål. Tilpas saltet eller andre krydderier efter smag.

e) Til servering placeres 1 kop kogte ris i en skål, efterfulgt af 1 kop linseblanding.

f) Serveres pyntet med finthakket rødløg og frisk koriander.

37. Langsom Komfur teriyaki lakseskåle

Ingredienser:

- 4 citrongræsstængler, knust og skåret i 4-tommers stykker
- 1 fennikelløg (ca. 14 oz.), skåret i skiver
- 4 spidskål, halveret på kryds og tværs
- 1/3 kop vand
- 1/3 kop tør hvidvin
- 1 (2-lb.) center-skåret, skin-on laksefilet
- 2 1/2 tsk kosher salt, delt
- 1 tsk sort peber, delt
- 12 ounce rosenkål, i kvarte
- 2 spsk olivenolie, delt
- 6 ounce shiitake-svampehætter, skåret i skiver
- 1/2 kop ananasjuice
- 2 spsk sojasovs
- 1 spsk brun farin
- 1 tsk majsstivelse
- 1 tsk sesamfrø
- 3 kopper kogte brune ris
- 1 kop tændstik gulerødder
- Limebåde, til servering

Rutevejledning:

a) Fold et 30- x 18-tommer stykke pergamentpapir på midten; fold på midten igen på tværs (kort ende til kort ende) for at skabe et 4 lag tykt stykke. Placer foldet pergament i bunden af en 6-quart langsom komfur, og lad enderne strække sig delvist op ad siderne.

b) Læg halvdelen af citrongræs, fennikel og spidskål i et jævnt lag på bagepapir i slowcooker. Tilsæt vand og vin. Drys laks med 1 tsk salt og 1/2 tsk peber; læg på citrongræsblandingen. Top laksen med resterende citrongræs, spidskål og fennikel. Dæk til og kog på HIGH indtil laseflager let med en gaffel, 1 til 2 timer. Brug pergamentpapir som håndtag til at løfte laksen fra Langsom Komfur, så væsken kan løbe af. Kassér blandingen i Langsom Komfur. Læg laksen til side.

c) Forvarm ovnen til 425°F. Smid rosenkål med 1 spsk olivenolie, 1 tsk kosher salt og 1/2 tsk sort peber på en bageplade med kant. Bages i forvarmet ovn, indtil de er møre og begynder at blive sprøde, 20 til 25 minutter. Opvarm den resterende 1 spsk olivenolie i en stegepande over medium-høj og kog svampe og resterende 1/2 tsk kosher salt, indtil de er møre, 3 til 4 minutter. Tilføj svampe til bageplade med rosenkål; tørre panden af.

d) Kog ananasjuice, sojasovs, brun farin og majsstivelse i stegepande over medium, mens du pisk konstant, indtil det er tyknet, cirka 3 minutter. Pensl 1/4 kop sauce på omkring 1 1/4 pund kogt laks; drys med sesamfrø.

e) Læg laks på bageplade med svampe og rosenkål; steges på HØJ 6 tommer fra varme, indtil glasuren er blevet tykkere, ca. 2 minutter.

f) Fordel brune ris i 4 skåle. Top jævnt med laks, rosenkål, svampe og tændstikgulerødder. Dryp med den resterende sauce; server med limebåde.

38. Langsom Komfur Jambalaya

INGREDIENSER:
- 1 ½ pund udbenet kyllingelår, skyllet, trimmet for overskydende fedt og skåret i 1-tommers terninger
- 3 led Cajun røget pølse (ca. 14 ounce i alt), skåret i 1/4 tomme tykke runder
- 1 mellemstor løg, hakket
- 1 grøn peberfrugt, hakket
- 1 selleri stilk, hakket
- 3 fed hvidløg, hakket
- 2 spsk tomatpure
- 1 tsk kreolsk krydderi
- 1 tsk salt
- ½ tsk friskkværnet sort peber
- ½ tsk Tabasco sauce
- ½ tsk Worcestershire sauce
- 2 kopper hønsebouillon
- 1½ kop langkornet ris
- 2 pund mellemstore rejer, pillede og deveirede (valgfrit)

INSTRUKTIONER:
a) Læg alle ingredienserne (undtagen rejerne, hvis de bruges) i en langsom komfur. Rør sammen, dæk til og kog på lavt niveau i 5 timer.

b) Hvis du bruger rejer, skal du røre dem forsigtigt i efter de 5 timers kogning og koge ved høj temperatur i 30 minutter til 1 time mere, eller indtil rejerne er færdige, men ikke gennemstegte.

39. Chuck Steg Med Kartofler Og Gulerødder

Gør: 12

INGREDIENSER:
- 3 spsk olivenolie
- 1¼ kopper usaltet oksefond
- 3 spsk æblecidereddike
- 1½ tsk kosher salt
- 1 kål, udkernet og delt i kvarte
- 3 spsk lys brun farin
- 2 spsk stenkværnet sennep
- 2¼ pund udbenet chucksteg, trimmet
- 3 spsk fladbladet persille, hakket
- 4 Yukon Gold kartofler i kvarte
- 2 fed hvidløg, hakket
- 1 pund gulerødder, skrællet og skåret i 3-tommers stykker
- ¾ tsk sort peber

INSTRUKTIONER:
a) Drys 1 tsk salt over stegen og steg stegen i cirka 4 minutter på hver side i opvarmet olie. Overfør stegen til Langsom Komfur.
b) Læg kål, kartofler og gulerødder rundt om stegen.
c) Pisk det resterende salt, eddike, brun farin, sennep, hvidløg og peber, og dryp over stegen.
d) Kog langsomt i 9 timer.
e) Når du har slukket for Langsom Komfur, skal du fjerne stegen, mens du beholder grøntsagerne og kogevæsken i gryden.
f) Skær stegen mod kornet efter at have ladet den hvile i 20 minutter.
g) Skær kålen i skiver efter at have fjernet den fra Langsom Komfuren.
h) Anret kål, kartofler, gulerødder og kød i skiver på et fad.
i) Drys med persille og server med kogevæsken, der blev stillet til side.

40. Langsom Komfur oksekød og svampe

Gør: 8

INGREDIENSER:
- ¼ kop universalmel
- 1 spsk sherryeddike
- 1½ tsk kosher salt
- 3 pund udbenet chucksteg, i tern
- 2 kopper frosne perleløg, optøet
- 1 tsk hakket frisk rosmarin
- Friske oregano blade
- 2 tsk hakket frisk timian, plus mere til pynt
- 1 tsk hakket frisk oregano
- 5 mellemstore gulerødder, skrællet og skåret i skiver
- 16-ounce pakke friske cremini-svampe i kvarte
- ¾ kop tør rødvin
- ¼ kop olivenolie
- 2 tsk hakket hvidløg
- 1½ dl usaltet oksefond

INSTRUKTIONER:
a) Kombiner oksekødsterne med mel, hvidløg, timian, rosmarin, oregano og ½ tsk salt i en plastikfrysepose med lynlås.
b) Varm 2 spsk af olien op. Tilsæt kødet og steg i 12 minutter.
c) Flyt oksekødet til en Langsom Komfur.
d) Til stegepandens bevarede dryp, tilsæt svampene og de resterende 2 spsk olie, og sauter indtil svampene er dybbrune.
e) Hæld rødvinen i under omrøring for at fjerne eventuelle brunede stykker fra pandens bund.
f) Fyld Langsom Komfur med svampeblandingen.
g) Til Langsom Komfuren, tilsæt perleløg, oksefond, gulerødder, den resterende melblanding og den resterende 1 tsk salt. Rør for at inkorporere.
h) Kog langsomt i cirka 8 timer, eller indtil oksekødet er ret blødt.
i) Rør eddiken i kogevæsken efter at have skummet fedtet af.
j) Tilsæt friske oreganoblade, mere hakket frisk timian og rosmarin.

41. Klassisk Pot-Au-Feu

Gør: 8

INGREDIENSER:

- 2 spsk olivenolie
- ½ tsk sort peber
- 4 selleristængler, i tern
- 4 gulerødder, skrællet og skåret i tern
- 4 Yukon Gold kartofler i tern
- 4½ dl vand
- 1 hvidløgshoved, skåret i to på kryds og tværs
- 1¾ tsk kosher salt
- 5 friske timiankviste
- 2 pund chucksteg, udbenet og trimmet
- 3 laurbærblade
- 2 porrer, halveret på langs
- 1 rutabaga i tern
- ¼ kop creme fraiche
- 1½ pund udbenet oksekød korte ribben, trimmet
- 2 spsk frisk purløg i tynde skiver
- Cornichons
- Dijon sennep
- Tilberedt peberrod

INSTRUKTIONER:

a) Varm en nonstick-gryde op over moderat varme. Kog stegen i olie i den varme stegepande, der bliver brun på alle sider, i 5 minutter.

b) Smag godt til med salt og peber.

c) Flyt stegen til en 6 liter Langsom Komfur.

d) Tilføj ribbenene til de reserverede dryp i den varme stegepande, og steg, vend til brune på alle sider, i 6 minutter.

e) Overfør ribbenene til Langsom Komfur, og behold dryppene i stegepanden. Tilføj timian, laurbærblade, hvidløg og vand til de reserverede dryp i den varme stegepande, omrør for at løsne de brunede stykker fra bunden af stegepanden; hældes i Langsom Komfur.

f) Kog langsomt i 5 timer.
g) Bland i rutabaga, porre, selleri, kartofler, gulerødder og
    rutabaga. Kog langsomt, cirka 3 timer.
h) kassér hvidløg, timiankviste og laurbærblade.
i) Skær stegen i skiver, og server med ribbenskød, porrehalvdele,
    selleri, kartofler, gulerødder og rutabaga på et serveringsfad.
j) Dryp med den ønskede mængde af kogevæsken, og server med
    creme fraiche, purløg, cornichons, dijonsennep, peberrod og
    den resterende kogevæske.

42. Langsom Komfur Beef Plov

Gør: 6

INGREDIENSER:
- 3 løg pillede og skåret i skiver
- Kogende vand, 3 kopper
- Vegetabilsk olie, ½ kop
- Salt og peber
- 10 hele fed hvidløg
- 6 gulerødder, skrællet og skåret i tykke strimler
- 2 pund oksekødgryderet, tern
- 3 kopper ris
- 2 tsk spidskommen frø

INSTRUKTIONER:
a) Steg løg i olie i 5 minutter, inden kødet tilsættes.
b) Læg gulerødder og ris i lag, og tilsæt varmt vand ned langs langsom kogerens sider.
c) Tilsæt salt, peber, hele nelliker og spidskommen og bland.
d) Kog ved lav temperatur i 2 timer.
e) Kassér hvidløgsfeddene.

43. <u>Fransk roastbeef</u>

Gør: 10

INGREDIENSER
- 2 løg i kvarte
- 1 laurbærblad
- 4 gulerødder i kvarte
- 4 kopper vand
- 4 hele nelliker
- 2 majroer i kvarte
- 1 fed hvidløg
- 2 selleristængler, hakket
- Salt, 1 tsk
- 3 pund udbenet oksekød eller rullet rumpesteg
- 5 pebernødder

INSTRUKTIONER:
a) Bland stegekød, vand, salt, timian, nelliker, peberkorn og laurbærblad.
b) Kog ved lav temperatur i 2 timer.
c) Tilsæt de resterende komponenter og kog i yderligere 30 minutter.
d) Skær oksekødet i tynde skiver, og server derefter oksekød og grøntsager med bouillonen.

44. Hamburger grøntsagssuppe

Gør: 6

INGREDIENSER:
- 2 kopper kartofler i tern
- 4 kopper dåsetomater
- 1 pund hakkebøf
- 1½ kopper selleri i skiver
- ½ kop ris
- 5 kopper vand
- 1 kop løg, i tern
- 2 kopper strimlet kål
- 1 laurbærblad

INSTRUKTIONER:
a) Svits løget i en gryde og brun derefter oksekødet.
b) Tilsæt de resterende ingredienser, og kog ved lav temperatur i 1 time, eller indtil de er bløde.

45. Waldorf Astoria gryderet

Gør: 6

INGREDIENSER:
- 3 spiseskefulde tapioka minut
- 4 kartofler, skåret på langs
- 1 kop selleri, skåret i skiver
- 2 løg i tern
- 1 dåse suppevand
- Salt, 1 tsk
- 2 pund rund bøf, i tern
- 10-ounce dåse tomatsuppe
- 2 kopper gulerødder, skåret i skiver

INSTRUKTIONER:
a) I Langsom Komfur arrangerer du grøntsagerne omkring de små stykker kød.
b) Tilsæt salt og tapioka.
c) Tilsæt vand og suppe og kog i ca. 1 time.

46. Grydestegt kød

Gør: 10

INGREDIENSER

- ½ dl vand eller oksebouillon
- 3 gulerødder, hakket
- 3 kartofler, skrællet og skåret i halve
- 1 tsk peber
- 2 løg, halveret
- 4 pund mørbradsteg eller roastbeef
- Salt, 1 tsk

INSTRUKTIONER:

a) Med lidt olie brunes stegen i en stegepande.

b) Smag til med salt og peber, og overfør derefter til Langsom Komfur.

c) Drys nogle af grøntsagerne rundt om stegen.

d) Kog under låg i 4 timer

47. Langsom Komfur bryst

Gør: 10

INGREDIENSER
- 4 pund oksebryst
- 3 spiseskefulde mel
- Salt og peber

INSTRUKTIONER:
a) Kog ved lav temperatur i 6 timer ved 250 grader.
b) Bland saft, mel, salt og peber for at lave saucen, og dryp saucen over brystet.

48. schweizisk bøf

Gør: 10

INGREDIENSER
- 3-pund rund bøf
- 3 selleristængler, skrællet og hakket
- 3 spiseskefulde smør
- ½ kopper tomatsauce
- Salt, 1 tsk
- 1 spsk hakket persille
- 1 løg, hakket

INSTRUKTIONER:
a) Smørbrun bøffen i et par minutter.
b) Tilsæt løg, persille, selleri og tomatsauce og kog i 2 timer med låget på.

49. schweizisk løgbøf

Gør: 10

INGREDIENSER
- 1 tsk salt
- 3-pund rund bøf
- 1 tsk peber
- 2 pakker løgsuppeblanding
- 20 ounce tomater

INSTRUKTIONER:
a) Salt og peber bøffen, skær den derefter i portionsstørrelser og kom den i Langsom Komfuren.
b) Læg tomater ovenpå og tilsæt løgsuppeblandingen.
c) Kog under låg, tildækket i cirka tre timer.

50. Hamburger gryderet

Gør: 10 - 12

INGREDIENSER
- 1 dåse kiks
- 2 pund hakkebøf
- 1 løg
- 2 fed hvidløg; hakket
- 28 oz. knuste tomater
- 2 kartofler, hakkede
- 2 stilke selleri
- 2 kopper vand
- Salt og peber
- 2 gulerødder, hakket

INSTRUKTIONER:
a) Brun kødet i en stegepande med løg og hvidløg. Overfør til Langsom Komfur.
b) Tilsæt tomater og grøntsager.
c) Kog i 1 time og server derefter med kiks ovenpå stuvningen.

51. Svinekødspølse Bolognese

Gør: 8

INGREDIENSER:
- ½ tsk sort peber
- 1 pund magert hakket svinekød
- ¼ kop tomatpure
- 8 ounce mild italiensk svinepølse, tarme fjernet
- ¼ kop tør rødvin
- 26,46-ounce pakke med siede tomater
- 2 kopper hakket gult løg
- 1 kop finthakkede gulerødder
- 16 ounce ubehandlet fuldhvede penne pasta
- 3 fed hvidløg, hakket
- 2 ounce parmesanost, revet
- 1 tsk kosher salt
- ¼ kop løst pakkede friske basilikumblade, revet
- 2 spsk hakket frisk oregano

INSTRUKTIONER:
a) Stil en nonstick-gryde på medium varme.
b) Tilsæt det hakkede svinekød og pølsen. Kog kødet i cirka 7 minutter, mens du kaster det for at bryde det op.
c) Dræn grundigt, før du tilsætter kødblandingen til en Langsom Komfur.
d) Tilsæt salt, peber, hvidløg, rødvin, tomatpure, løg, gulerødder og tomater.
e) Kog langsomt på lavt niveau i cirka 8 timer.
f) Tilbered pastaen som anvist på pakken.
g) Hæld kødsaucen over pastaen og top med ost, basilikum og oregano.

52. Svinemørbrad med æblemos

Gør: 12

INGREDIENSER
- 3 kviste rosmarin
- 1 tsk salt
- 1 tsk peber
- 2 spsk vegetabilsk olie
- 2 spsk dijonsennep
- 1 udbenet svinekamsteg
- 1 kop æblemos
- 1 spiseskefuld honning

INSTRUKTIONER:
a) Gnid stegen med salt og peber, æblemos, sennep og honning.
b) Placer stegen med en Langsom Komfur, og top med kviste af rosmarin.
c) Bages i 2 timer.

53. Flæsk chili i Langsom Komfur

Gør: 8

INGREDIENSER
- 1 tsk sukker
- Spidskommen, 1 tsk
- 2 tsk oregano
- Salt, 1 tsk
- 3 pund udbenet svinekød, i tern
- 3 teskefulde tomatpure
- 2 løg, hakket
- Hakket hvidløg, 2 fed
- 2 spsk salatolie
- Piskefløde, ½ kop
- Vand, 1 kop

AT TJENE
- Tortilla chips
- Avocado
- Creme fraiche

INSTRUKTIONER:
a) Brun svinekød i Langsom Komfur med olie.
b) Tilsæt løg, hvidløg, chilipulver, spidskommen og oregano.
c) Tilsæt svinekødet tilbage til gryden sammen med vand, sukker, salt og tomatpure.
d) Tilsæt fløde og kog ved lav temperatur i 1 time.

54. Cassoulet med hvid bønne-og-pølse

Gør: 4

INGREDIENSER:
- 6 ounce italiensk svinepølse, tarme fjernet og smuldret
- ¾ kop hakket gult løg
- 2 spsk tomatpure
- 30 ounce cannellini bønner, drænet og skyllet
- ¼ kop hakket selleri
- ¼ kop tændstik gulerødder
- 2 spsk, plus 1 tsk hakket frisk timian
- 14½-ounce dåse med ildristede tomater i tern uden tilsat salt, udrænede
- ¾ tsk sort peber
- ⅛ tsk kosher salt
- 1 kop usaltet hønsefond
- 2 tsk olivenolie
- ⅓ kop panko, ristet

INSTRUKTIONER:
a) Sauter pølsen i en nonstick-gryde ved moderat varme i cirka 2 minutter.
b) Tilsæt løg, gulerødder, selleri og 2 spsk timian og kog i yderligere 5 minutter.
c) Tilsæt tomatpure, tomater, peber og salt; bring det i kog ved moderat varme.
d) Overfør pølseblandingen til en 6-quart Langsom Komfur; rør hønsefonden i. Mos ½ kop af de skyllede bønner. Tilsæt de mosede og hele bønner til Langsom Komfuren.
e) Kog langsomt i 4 timer.
f) Fordel pølseblandingen i 4 skåle; top med den ristede panko og timian, og server med det samme.

55. Spicy Pinto bønne og pølse chili

Gør: 2,5 QUARTS

INGREDIENSER
- 1 pund varm pølse
- ½ pund tørrede pinto bønner, kogte
- 1 pund hakkebøf
- 1 tsk koriander
- 1 liter tomatjuice
- 2 løg, hakket
- Hakket hvidløg, 2 fed
- 6 ounce tomatpure
- 3 spsk chilipulver
- 5 laurbærblade
- Salt, 1 tsk
- Worcestershire sauce, 1 spsk
- 1 spsk eddike
- ½ tsk spidskommen pulver
- 1 tsk peber
- 1 tsk stødt allehånde
- 1 spsk tør sennep
- knivspids rød peber
- 1 tsk kanelpulver
- skvæt varm sauce

INSTRUKTIONER:
a) Bland oksekød, løg og hvidløg ved hjælp af en Langsom Komfur.
b) Tilsæt de øvrige ingredienser og kog ved lav temperatur i 1 time.
c) Kassér laurbærbladet inden servering.

56. Svinekød Ragout Over Casarecce Pasta

Gør: 12

INGREDIENSER:
- 2 pund udbenet svinekødssteg, trimmet
- 1 tsk sort peber
- 2 spsk oregano, hakket
- 2 spsk dijonsennep
- 1 spsk rødvinseddike
- 2 pund ukogt pasta
- 1½ spsk frisk rosmarin, hakket
- 1 spsk kosher salt
- 2 spsk rapsolie
- 3 kopper hakket Lacinato-grønkål
- 2 spsk hakket frisk hvidløg
- 6 mellemstore skalotteløg, halveret på langs
- 1 kop tør rødvin
- ¼ kop tomatpure
- ⅔ kop usaltet hønsefond
- 28-ounce dåse usaltede hele flåede blommetomater, udrænede

INSTRUKTIONER:

a) Gnid svinekødet med peber og 2 tsk salt. Varm olien i en stegepande over moderat varme; tilsæt svinekødet, og steg indtil det er brunet på alle sider, ca. 2 minutter pr. side. Overfør til en Langsom Komfur, og gem dryppene i stegepanden.

b) Reducer varmen til medium og tilsæt skalotteløg, hvidløg, rosmarin og oregano til stegepanden. Sauter i cirka 3 minutter.

c) Tilsæt tomatpuréen, og kog under konstant omrøring, indtil den er mørk i cirka 1 minut. Tilsæt rødvinen, og bring i kog; kog indtil reduceret til det halve, cirka 5 minutter.

d) Kombiner hønsefond og sennep, og tilsæt til stegepanden i et par minutter.

e) Overfør grydens indhold til Langsom Komfur.

f) Tilsæt tomaterne til Langsom Komfur og rør for at mose de hele tomater.

g) Kog langsomt indtil svinekødet er gennemstegt og mørt, når det gennembores med en gaffel, cirka 7 timer. Overfør svinekødet til en tallerken, og riv det.

h) Forøg slow-cooker-varmen til HØJ. Rør det strimlede svinekød, grønkål og resterende 1 tsk salt i. Dæk til og kog indtil grønkålen er mør, cirka 5 minutter. Rør eddike i.

i) Kog pastaen efter pakkens anvisning. Server ragouten over pastaen.

57. Langsom Komfur Chili

Gør: 6

INGREDIENSER
- 2 pund udbenet rund bøf, i tern
- 8-ounce dåse tomatsauce
- 1 pund svinekød, i tern
- 1 tsk sort peber
- 1 spiseskefuld vegetabilsk olie
- ⅓ kop chilipulver
- 1 kop løg, i tern
- 1 tsk stødt salvie
- 1 spsk paprika
- 28-ounce dåser oksebouillon
- 2 tsk hvidløgspulver
- 1 tsk brun farin
- 2 spsk spidskommen
- 1 tsk timian
- 1 tsk tør sennep

INSTRUKTIONER:
a) Opvarm olien; tilsæt oksekød og svinekød og brun på begge sider, Overfør til Langsom Komfur.
b) Tilsæt peber. oksebouillon og tomatsauce.
c) Tilsæt chilipulver, tør sennep, løg, spidskommen, paprika, brun farin og hvidløgspulver.
d) Kog i 1 time ved lav temperatur, eller indtil kødet er meget blødt.

58. Svinekød og grøn chili

Gør: 6

INGREDIENSER
- 2 selleristængler, hakket
- 2 tomater, hakkede
- ½ kop Ortega Grøn Chiles
- Svinekød, 2 pund
- 6 fed hvidløg, hakket
- 3 spsk jalapeno pebersauce

INSTRUKTIONER:
a) Brun svinekød i olie i en mellemstor stegepande og flyt derefter til Langsom Komfur.
b) Tilsæt de resterende ingredienser.
c) Tilføj en kop eller to vand.
d) Kog tildækket ved svag varme i 1 time.

59. Braiseret lammeskank med hvidløgsgremolata

Gør: 6

INGREDIENSER:

- 5 spiseskefulde ekstra jomfru olivenolie
- 3 kopper hakket gult løg
- 1 hvidløgshoved
- 2 kopper tør rødvin
- 1 kop hakkede gulerødder
- 2 tsk citronskal
- 3 (20 ounce) lammeskank, trimmet
- 1½ tsk kosher salt
- ¼ kop finthakket frisk fladbladet persille
- 5 fed hvidløg, knust
- 1½ tsk sort peber
- 1 spsk rapsolie
- ¼ kop panko, ristet

INSTRUKTIONER:

a) Gnid en teskefuld salt og peber på lammet.
b) Rør rapsolien ned i gryden.
c) Tilsæt lammeskank, gulerod og løg, og varm op i 6 minutter, så de bliver brune på alle sider.
d) Hæld vinen i gryden under omrøring for at fjerne eventuelle brunede stykker fra bunden.
e) Kasser dryppene i gryden, tilsæt lammet til Langsom Komfuren.
f) Placer hvidløgshovedet i Langsom Komfuren efter at have pakket det tæt ind i aluminiumsfolie.
g) Kog langsomt i 7 timer.
h) Fjern hvidløgshovedet fra Langsom Komfuren.
i) Tilsæt den resterende olivenolie og det resterende salt, og pres hvidløget i.
j) Tilsæt panko, persille og citronskal.
k) Skil lammekødet fra benene og server med hvidløgsblandingen.

60. Lam med granatæble og koriander-myntesauce

Gør: 6

INGREDIENSER:
- 1½ tsk kosher salt
- ½ kop granatæble
- 3 (20 ounce) lammeskank, trimmet
- 3 kopper skåret gule løg
- 1 fed hvidløg
- ⅓ kop usaltet oksefond
- 2 spsk varmt vand
- ½ kop løst pakkede friske mynteblade
- ¼ kop ekstra jomfru olivenolie
- ½ kop løst pakkede friske korianderblade
- 2 tsk stødt gurkemeje
- 2 spsk æblecidereddike

INSTRUKTIONER:
a) Drys lammeskankene jævnt med gurkemeje og 1 tsk salt.
b) Kom lammeskankene i en Langsom Komfur.
c) Tilsæt bouillon og løg.
d) Kog langsomt i 7½ time.
e) Kom mynte og koriander i en lille foodprocessor og tilsæt det varme vand.
f) Bearbejd urtekombinationen, indtil den er glat, før du tilsætter olie, eddike, hvidløg og det resterende salt.
g) Kassér lammebenene, server lammet med granatæblepillerne og dryp urteblandingen over kødet.

61. And med surkål

Gør: 4

INGREDIENSER
- 2 løg i kvarte
- Brun farin, 3 spsk
- Knib Salt og Peber
- 1 kop vand
- Vildt and, 1 hel
- 2 kvarter surkål

INSTRUKTIONER:
a) Bland det hele og kog ved lav temperatur i 2 timer.

62. Valnøddekylling

Gør: 4

INGREDIENSER
- 2 kopper vand
- 1 løg, hakket
- 2 kopper frosne broccoli-både
- 1 kop ris
- 1 tsk malet ingefær
- Knip peber
- 1 kop cashewnødder halveret
- 1 pund kyllingebryst, uden skind, i tern
- 1 dåse champignon i skiver, afdryppet

INSTRUKTIONER:
a) Brug en Langsom Komfur til at kombinere alle ingredienserne undtagen cashewnødder.
b) Kog i 2 timer.
c) Drys cashewnødder på toppen.

63. Langsom Komfur kyllingesuppe

Gør: 8

INGREDIENSER
- 2 spsk hakket purløg
- 3 pund stegt kylling
- ½ tsk estragon, hakket
- 2 kopper hakkede tomater
- 1 kop majskerner
- ½ kop grønne løg, hakket
- 1 tsk basilikum, hakket
- ½ kop afskallede ærter
- 6 kopper affedtet kyllingebouillon
- ½ kop søde kartofler i tern
- ½ kop tør sherry

INSTRUKTIONER:
a) Kog kyllingestykkerne i sherry i cirka 10 minutter i en gryde, og tilsæt derefter tomater, majs, grønne løg og søde kartofler.
b) Kog i 5 minutter efter tilsætning af ærter, forårsløg, basilikum, estragon og chili.
c) Tilsæt kyllingestykkerne, vand og bouillon og overfør til en Langsom Komfur.
d) Kog ved lav temperatur i 1 time.

64. Kylling og bygsuppe

Gør: 6

INGREDIENSER:
- 1 kop løg, i tern
- 1 rotisserie kylling, skåret op og kogt
- ½ kop byg
- 1 kyllingebouillonterning
- Salt, 1 tsk
- ½ tsk peber
- 1 tsk tørret salvie
- 2 kopper hakkede gulerødder
- 1 tsk fjerkrækryderi
- 1 kop hakket selleri
- 1 laurbærblad

INSTRUKTIONER:
a) Tilsæt alle ingredienser til Langsom Komfuren.
b) Kog ved lav temperatur i cirka 1 time.
c) Fjern laurbærbladet.

65. Ahorn-sennep glaseret kalkunbryst

Gør: 12

INGREDIENSER:
- 2 spsk dijonsennep
- 6-pund helt udbenet kalkunbryst
- 1 tsk kosher salt
- ½ kop usaltet hønsefond
- ¼ tsk sort peber
- 1 kop æblecider
- 3 friske timiankviste
- ⅓ kop ren ahornsirup
- 5 tsk majsstivelse
- 2 spsk vand
- 1 spsk æblecidereddike
- Friske timianblade

INSTRUKTIONER:
a) Kog æblecider og timiankviste; kassér timiankvistene.
b) Rør ahornsirup og sennep i.
c) Placer kalkunen i en 6 liter Langsom Komfur.
d) Gnid ¾ tsk af saltet under huden.
e) Hæld æbleciderblandingen over kalkunen i Langsom Komfuren.
f) Dæk til og kog på HØJ, cirka 3 timer og 30 minutter.
g) Pynt med timianblade.

66. Ramen skål med kylling og grøntsager

Gør: 6

INGREDIENSER:
- 2 pund skindfri, udbenet kyllingebryst
- ½ kop hakket frisk mynte
- 8-ounce pakke med kogte vermicelli risnudler
- ½ kop hakket frisk koriander
- 6 kopper usaltet hønsefond
- 1 rød Fresno chili, skåret i tynde skiver
- 3 spsk hvid miso
- ½ tsk kosher salt
- ¼ kop spidskål i tynde skiver, kun grønne dele
- 2 kopper pakket fint strimlet kål
- 1 spsk rapsolie
- 1½ dl tændstik gulerødder
- 8-ounce pakke med skiver friske shiitake-svampe
- 2 tsk ristet sesamolie

INSTRUKTIONER:
a) I en nonstick-gryde opvarmes rapsolien over medium varme.
b) Kog kyllingen, indtil den er let brunet, cirka 3 minutter på hver side.
c) Læg kyllingen i en Langsom Komfur.
d) Tilsæt bouillon og miso.
e) Tilsæt kål, gulerødder og svampe i en røreskål.
f) Kog under låg i 3 timer eller indtil kyllingen er færdig.
g) Fjern kyllingen fra Langsom Komfuren og stil den til side til afkøling.
h) Fjern og bortskaf knoglerne.
i) Riv kyllingen i mundrette stykker og rør den i bouillonblandingen i Langsom Komfuren.
j) Fordel nudlerne i seks skåle.
k) Hæld kyllinge- og bouillonblandingen over nudlerne.
l) Fordel spidskål, mynte, koriander og chili skiver jævnt.
m) Dryp sesamolien jævnt over hver portion.

67. Pocheret havaborre med tomat-fennikel-relish

Gør: 4

INGREDIENSER:
- 2 skalotteløg i kvarte
- 1 kop vand
- 2 spsk afdryppede og skyllede kapers
- 4 skin-on havaborrefileter
- 1 tsk knækket sort peber
- ½ kop frisk citronsaft
- 6 friske timiankviste
- ½ kop fennikelløg i tynde skiver
- ½ tsk kosher salt
- 1 kop hvidvin
- 4 spiseskefulde ekstra jomfru olivenolie
- 2 spsk saltet kapers væske fra krukken
- 1 tsk fennikelfrø
- 10 ounce halverede flerfarvede cherrytomater

INSTRUKTIONER:
a) Kombiner skalotteløg, vin, vand, citronsaft, kaperslikør, peber, fennikelfrø, 4 timiankviste og 2 spsk olie i en 3- til 4-liters Langsom Komfur.
b) Kog i 2 timer.
c) I en røreskål kombineres den hakkede timian, snittede skalotteløg, cherrytomater, snittet fennikel, kapers og de resterende 2 spsk olie.
d) Placer havbarsen i Langsom Komfuren med skindsiden opad, og sæt den i vinblandingen.
e) Kog i 15 til 25 minutter, eller indtil fisken let flager med en gaffel.
f) Krydr fisken med salt og peber og server med tomat-fennikel-smag.

68. Thai kokos-karry skrubbe

Gør: 6

INGREDIENSER:
- 2 spsk rapsolie
- 1 kop ukogte brune jasminris
- 1 kop let kokosmælk på dåse
- ¼ kop frisk basilikum i tynde skiver
- 1½ dl vand
- 1 kop hakket grøn peberfrugt
- 2 spsk hakket hvidløg
- 2½ spsk thai rød karrypasta
- 1½ pund skindfri skrubbefileter
- 2 søde kartofler, skrællet og skåret i tern
- 14½-ounce dåse tomater i tern, udrænet
- ¼ tsk kosher salt

INSTRUKTIONER:
a) I en mikroovnsskål, mikroovn de søde kartofler på HIGH i 5 til 6 minutter, stop med at røre efter 3 minutter.
b) I en 6-quart Langsom Komfur, drys risene med olien og rør rundt, så de bliver jævnt.
c) Rør tomater, vand, peberfrugt, hvidløg og søde kartofler i.
d) Kog under låg på HIGH i 3 timer.
e) Kom forsigtigt kokosmælken og karrypastaen i risblandingen.
f) Kog tildækket på HIGH i 15 minutter, eller indtil væsken for det meste er absorberet.
g) Læg fisken ovenpå risblandingen og smag til med salt.
h) Kog, tildækket, på HØJ i 20 minutter, eller indtil lakseflagerne let med en gaffel.
i) Server fisken med risblandingen og drys med basilikum jævnt.

69. Torsk med tomat-balsamico

Gør: 4

INGREDIENSER:
- 1 spsk balsamicoeddike
- 2 kopper cherrytomater, halveret
- 1 spsk honning
- ¼ kop friske fladbladede persilleblade
- 1 kop hakket sødt løg
- 1 tsk friske timianblade
- ½ tsk sort peber
- 3 ounce pancetta i tern
- 4 skindfri torskefileter

INSTRUKTIONER:
a) Kog pancettaen til den er sprød, cirka 5 minutter.
b) Placer pancettaen og dryppende i en 5-liters langsom komfur.
c) Rør løg, tomater, eddike og honning i, indtil det er godt blandet.
d) Kog, delvist tildækket, på HIGH i 4 timer.
e) I en blandeskål kombineres timian og sort peber.
f) Drys ovenpå fiskefileterne.
g) Læg fisken i Langsom Komfur oven på tomatsaucen; dæk helt og kog på lav på LAV i 25 minutter, eller indtil fisken let flager med en gaffel.
h) Server fisken med tomatmarmelade og pynt med persille.

70. Dampet fisk

INGREDIENSER

- 3½ kopper dashi eller vand
- 2 kopper sorte ris, kogte
- 1 kop tør hvidvin
- 1 stykke kombu, 3 x 3 tommer
- 1 tsk gurkemejepulver
- 2 laurbærblade
- 2 spsk tørret tang
- kosher salt
- 2 sorte havbars eller rød snapper fileter, dampet
- 5 ounce shiitakesvampe, skåret i halve
- 2 kopper ærteskud
- 2 røde radiser, strimlet
- 2 spsk mynteblade hakket

INSTRUKTIONER:

a) Kombiner bouillon, ris, vin, kombu, salt, gurkemejepulver, laurbærblade og tang i en Langsom Komfur.
b) Kog ved lav temperatur i 1 time.
c) Læg fisken over risene, og top derefter med svampene.
d) Tilsæt mynte, radiser og ærteskud som pynt.

71. Langsom Komfur hummerbisque

Gør: 4

INGREDIENSER
- 1 løg, hakket
- 5 spiseskefulde smør
- 3 grønne porrer, skåret i skiver
- 1 kop hummer, strimlet
- 2 gulerødder, skrællet og skåret i tern
- 2 kopper muslingejuice
- 3 kopper flækkede hummerskaller og -haler
- 1 tomat, frøet, skrællet og hakket
- 1 kop østers

INSTRUKTIONER:
a) Sauter porrer, løg, tomat og gulerod i lidt smør.
b) Overfør til Langsom Komfur sammen med hummerskaller og østersvæske og kog på lavt niveau i 1 time.
c) Tag skallerne af og kassér dem.
d) Tilsæt den resterende væske, mens du kærner kraftigt; bring i kog.
e) Tilsæt østers, grøntsager og hummerkød og kog uden låg i cirka 10 minutter.

72. Langsom Komfur Grøntsager og fisk

Gør: 4

INGREDIENSER
- Olivenolie, 3 spsk
- 4 kopper løg i tern
- 1 kop selleri, hakket
- 2 kopper hakket persille
- 1 kop peberfrugt, hakket
- Hakket grønne løg, 3 kopper
- 1 kop revet gulerod
- 1 spsk hakket hvidløg
- Citronsaft, 2 spsk
- 1 spsk sojasovs
- Worcestershire sauce, 2 spsk
- 1 spsk varm sauce
- 2 kopper vin
- 6 spiseskefulde salt
- 4 pund fisk, hakket
- 12 kopper vand

INSTRUKTIONER:
a) Varm olien op og svits revet gulerod, løg, selleri, peberfrugt og persille.
b) Tilsæt citronsaft og hvidløg.
c) Overfør til Langsom Komfur med de resterende ingredienser.
d) Kog ved lav temperatur i 1 time.

73. Gylden gurkemeje blomkålssuppe

Gør: 4

INGREDIENSER
- 3 fed hvidløg, hakket
- 3 spsk vindruekerneolie
- ⅛ spiseskefulde knuste røde peberflager
- 1 spiseskefuld gurkemeje
- ¼ kop sød kokosmælk
- 6 kopper blomkålsbuketter
- 1 spsk spidskommen pulver
- 1 løg- eller fennikelløg, hakket
- 3 kopper grøntsagsbouillon

INSTRUKTIONER:
a) Kombiner og kog på lavt niveau i 1 time.

74. Langsom Komfur tømmermændssuppe

Gør: 6

INGREDIENSER
- 16-ounce dåse surkål; skyllet
- 2 skiver bacon, kogt
- 4 kopper oksebouillon
- ½ pund polsk pølse; skåret i skiver og kogt
- 1 løg; hakket
- 1 tsk kommenfrø
- 2 tomater; hakket
- 1 peberfrugt; hakket
- 2 stilke selleri; skåret i skiver
- 2 tsk paprika
- 1 kop champignon, skåret i skiver
- ½ kop creme fraiche

INSTRUKTIONER:
a) Bland ingredienserne i en Langsom Komfur.
b) Kog i 1 time ved lav temperatur.

75. Stuvet oksekød og sort øl

Gør: 6

INGREDIENSER
- 2 pund braisering af oksekød, trimmet og skåret i skiver
- 2 løg, hakket
- All-purpose mel, 2 spsk
- Hakket hvidløg, 2 fed
- ¼ kop hakket persille
- 1 tsk stødt peber
- 1 kop stærk øl
- 2 gulerødder, skåret i skiver
- Olivenolie, 3 spsk
- 1 kop oksebouillon
- Tomatpuré, 2 spsk
- Timian, 2 teskefulde

INSTRUKTIONER:
a) Bland kød, peber, 1 spsk olie og mel, og rør, indtil kødet er grundigt belagt.
b) Varm den resterende olie op og brun kødet sammen med tomatpure, løg, hvidløg, stout, bouillon, gulerødder og timian.
c) Flyt til Langsom Komfur og kog i 3 timer, tildækket.
d) Server pyntet med persille.

76. Langsom Komfur Gulerod ingefær suppe

Gør: 6

INGREDIENSER
- Knip kosher salt og kværnet sort peber
- 3 fed hvidløg
- ¼ kop mynteblade
- 1 tsk røget paprika
- ⅓ kop tung fløde
- 1 sødt løg, hakket
- 2 pund gulerødder, skrællet og hakket
- ⅓ kop korianderblade
- 2 laurbærblade
- 2 spsk limesaft
- 1 sød kartoffel, skrællet og hakket
- 6 dl grøntsagsbouillon
- 1 stykke ingefær, skrællet og skåret i skiver
- ¼ tsk røget paprika

INSTRUKTIONER:
a) Brug en Langsom Komfur til at blande gulerødder, søde kartofler, løg, hvidløg, ingefær, paprika, laurbærblade og bouillon. Smag til med salt og peber.
b) Kog ved lav temperatur i 1 time.
c) Tilsæt limesaft, mynte og koriander.
d) Fjern laurbærbladene og purér dem derefter med en blender.
e) Server med en klat fløde.

77. tysk kartoffelsuppe

Gør: 6

INGREDIENSER:
- 6 kopper vand
- 3 kopper skrællede kartofler i tern
- 1¼ kop selleri i skiver
- ½ tsk salt
- ½ kop løg, i tern
- 1/8 tsk peber

FRIKKALDEDRYP:
- ½ tsk salt
- 1 sammenpisket æg
- ⅓ kop vand
- 1 kop universalmel

INSTRUKTIONER:
a) Bland de første 6 ingredienser ved hjælp af en Langsom Komfur og kog på lavt niveau i ca. 1 time, indtil de er møre.
b) Fjern og mos grøntsagerne

TIL BOLLER:
c) Bland mel, vand, salt og æg.
d) Drys på den varme suppe.
e) Kog i omkring 15 minutter.

78. Langsom Komfur Hakket oksekød chili

Gør: 6

INGREDIENSER
- 1 spsk olie
- 4 spiseskefulde vand
- 2 tsk salt, sukker, Worcestershire, kakao, spidskommen, oregano
- 3 kopper dåsetomater
- 1 spsk Tabasco sauce
- 1 løg hakket
- 1 spsk chilipulver
- 2 pund hakkebøf
- 2 dåser kidneybønner

INSTRUKTIONER:
a) I olie i en stegepande, brun hakket oksekød og løg. Overfør til Langsom Komfur.
b) Tilsæt de resterende ingredienser, læg låg på og kog i 2 timer.

79. Langsom Komfur texansk chili

Gør: 6

INGREDIENSER
- 2 pund roastbeef
- 20 oz. hakkede tomater
- 1 løg
- 1 spsk oregano
- 6 jalapeñopeberfrugter, frøet og hakket
- Salt, 2 teskefulde
- 1 spsk spidskommen
- 6 fed hvidløg, hakket
- 4 spsk chilipulver
- baconfedt

INSTRUKTIONER:
a) Brun oksekød, løg og hvidløg i baconfedt. Sæt i Langsom Komfur.
b) Tilsæt jalapenos og de øvrige ingredienser og kog i en time.

80. Bacon, Porre, Timian Farro

Gør: 8

INGREDIENSER:
- 4 centerskårne baconskiver, hakket
- 2 kopper friske cremini-svampe i tynde skiver
- 1½ dl porrer i tynde skiver
- 1 spsk hakket frisk timian
- 1 spsk hakket hvidløg
- 3 kopper usaltet hønsefond
- 1½ kopper ukogt farro
- ¾ tsk kosher salt
- ½ tsk sort peber
- 1 ounce Gruyère ost, revet

INSTRUKTIONER:
a) Steg baconen i en nonstick-gryde ved moderat varme, indtil den er sprød, cirka 5 minutter. Overfør baconen til en tallerken beklædt med køkkenrulle, og behold dryppene i stegepanden. Stil baconen til side.

b) Tilsæt svampe og porrer til de varme drypper i stegepanden, og kog, omrør ofte, indtil de er møre og let brunede, 6 til 8 minutter. Tilsæt timian og hvidløg; kog, omrør ofte, indtil dufter, 1 minut. Overfør porreblandingen til en Langsom Komfur.

c) Rør bouillon, farro, salt og peber i. Dæk og kog på HIGH indtil farroen er al dente, ca. 2 timer. Sluk for Langsom Komfur, og lad blandingen stå i 10 minutter. Drys med ost og bacon inden servering.

81. Langsom Komfur majsgryderet

Gør: 4

INGREDIENSER
- ¼ pund smør
- 1 kop knuste Ritz kiks
- 1 kop revet ost
- 1 æg
- 2/3 kop inddampet mælk
- Salt og peber
- 1 dåse hele majs, drænet
- 3 spiseskefulde sukker
- 1 dåse cremet majs
- ¼ kop tørret løg
- 4 ounce grønne chili

INSTRUKTIONER:
a) Smid alle ingredienser i en Langsom Komfur og kog i 1 time.

VEGAN

82. Caprese-Spaghettisquash fra hvide bønner

Gør: 2

INGREDIENSER:
- 3 ounce veganske mozzarellakugler i kvarte
- Friske skiver basilikumblade
- 2 kopper vand
- 1 spaghetti squash, prikket
- 1 spsk olivenolie
- 2 fed hvidløg, hakket
- 1 kop cannellinibønner uden salt, drænet og skyllet
- ⅓ kop hakket frisk basilikum
- ½ tsk kosher salt
- 2 kopper cherrytomater i kvarte

INSTRUKTIONER:
a) Kombiner squash og vand i en 6-quart Langsom Komfur.
b) Kog ved lav temperatur i 6 timer.
c) Skrab squashskallerne indeni for at lave spaghetti-lignende tråde.
d) Læg spaghetti-squash-skallerne tilbage i Langsom Komfuren.
e) Varm olien op i en stegepande ved middel varme.
f) Svits hvidløg og tomater i cirka 3 minutter.
g) Tag gryden af varmen.
h) Tilsæt basilikum, tråde, bønner og salt til tomatblandingen.
i) Vend forsigtigt mozzarellaen i.
j) I Langsom Komfur hældes squashblandingen jævnt i hver squashhalvdel.
k) Kog i cirka 1 time, eller indtil osten er smeltet og blandingen er kogt.
l) Pynt med basilikumblade, hvis det ønskes.

83. Ragout med aubergine og hvide bønner

Gør: 4

INGREDIENSER:

- 1¼ tsk kosher salt
- 1 spsk usaltet tomatpure
- 1 grøn peberfrugt, hakket
- ¼ tsk sort peber
- 8½ ounce krukke soltørrede tomater i olivenolie, hakket
- 1 gult løg, hakket
- 3 kopper varmkogt fuldkornscouscous
- Knust rød peber
- 1 spsk balsamico- eller rødvinseddike
- 30 ounce usaltede cannellini bønner, drænet og skyllet
- 1 aubergine, skrællet og skåret i tern
- ½ kop usaltet grøntsagsfond
- 2 tsk hakket frisk timian
- 3 fed hvidløg, hakket
- 2 spsk hakket frisk fladbladet persille eller basilikum

INSTRUKTIONER:

a) Vend auberginen med halvdelen af saltet og afdryp i et dørslag efter 10 minutter. Skyl og dup tør.

b) Opvarm 2 spiseskefulde tomatolie over medium-høj varme i en nonstick-gryde.

c) Tilsæt auberginen, og brun auberginen på alle sider, cirka 5 minutter.

d) Kog i 2 minutter under jævnlig omrøring med hvidløg, løg og peberfrugt.

e) Læg aubergineblandingen i Langsom Komfuren.

f) Rør de hakkede tomater, bønner, bouillon, tomatpure, timian, sort peber og det resterende salt i.

g) Kog ved svag varme i 5 timer, eller indtil auberginen er ekstremt blød.

h) Tag Langsom Komfuren af varmen og pisk persille og eddike i.

i) Fordel couscousen på fire plader.

j) Hæld ragouten over couscousen.

k) Knus den røde peber over toppen.

84. Tofu Lo Mein

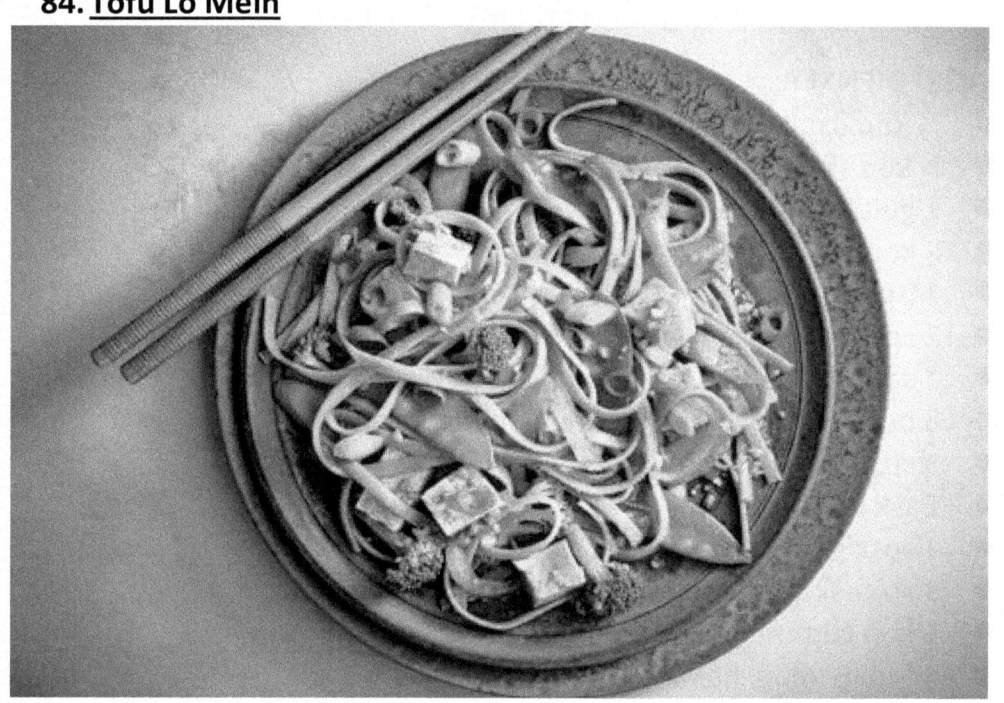

Gør: 5

INGREDIENSER:
- ⅔ kop usaltet grøntsagsfond
- ¼ kop skåret spidskål
- 1 gult løg, skåret i tynde skiver
- 2 kopper friske broccolibuketter
- 14-ounce pakke med ekstra fast tofu, drænet
- 2 spsk riseddike
- 1 spsk hakket frisk ingefær
- 8 ounces fuldkornslinguine, kogt og drænet
- 3 spsk østerssauce
- 2 tsk honning
- 1 spsk sesamolie
- 3 spiseskefulde sojasovs med lavt natriumindhold
- 1 kop trimmede friske sneærter
- 3 fed hvidløg, hakket
- 1 kop diagonalt skåret gulerødder

INSTRUKTIONER:
a) Kombiner løg, broccoli, gulerødder og sneærter i en 4- til 5-quart Langsom Komfur.
b) Pisk bouillon, spidskål, sojasauce, østerssauce, eddike, ingefær, olie, honning og hvidløg; hæld over grøntsagerne i slowcookeren.
c) Kog i 2 til 3 timer ved lav varme.
d) Kombiner tofuen og den varmkogte linguine i Langsom Komfur.

85. Asiatisk tempeh med spinat og mango

Gør: 4

INGREDIENSER:
- 1 moden mango, skrællet og skåret i tynde skiver
- ¾ tsk kosher salt
- ⅓ kop vand
- 8-ounce pakke tempeh
- 2 kopper varme kogte brune ris
- 2 spsk riseddike uden krydret
- 5-ounce pakke babyspinat
- 1½ spsk ristet sesamolie
- ¼ kop mirin
- 2 tsk Sriracha chilisauce
- 4 fed hvidløg, knust
- ¼ kop frisk limesaft
- 2 spsk honning

INSTRUKTIONER:
a) Kombiner vand, mirin, limesaft, eddike, honning, Sriracha, salt og hvidløg i en Langsom Komfur.
b) Kom tempeh i væsken og kog ved lavt i 4 timer, tildækket.
c) Brug en hulske til at fjerne tempeh og gem noget af kogevæsken.
d) Lav 12 skiver tempeh.
e) Fordel risene på fire tallerkener.
f) Vend spinaten med sesamolie og server sammen med risene.
g) Server med tempeh og mangoskiver på toppen.
h) Dryp den reserverede kogevæske jævnt over hver portion.

86. Edamame Succotash

Gør: 4

INGREDIENSER:
- 1 kop kogt fuldhvede couscous
- 1 rød peberfrugt, hakket
- 2 spsk hakket frisk dild
- 1 spsk olivenolie
- 2 kopper gule majskerner
- 1 spsk rødvinseddike
- 1 tsk kosher salt
- ¼ tsk sort peber
- 1 gult løg, hakket
- 1 kop hakket moden tomat
- 8-ounce pakke frosset afskallet edamame
- 1 kop usaltet grøntsagsfond

INSTRUKTIONER:
a) Varm olien op i en stegepande ved middel varme.
b) Kog, under jævnlig omrøring, i 4 minutter med løg og peberfrugt.
c) Kombiner edamame, løgblanding, majs, bouillon og peber i en Langsom Komfur.
d) Kog, tildækket, i 4 til 5 timer, eller indtil grøntsagerne er møre, og smagene er blandet.
e) Tilsæt tomat, dild og eddike under omrøring forsigtigt.
f) Drys det resterende salt over edamameblandingen.
g) Fordel couscousen på fire tallerkener.
h) Server edamameblandingen over couscousen med en hulske.
i) Pynt med mere dild, hvis det ønskes.

87. Byg Risotto Med Butternut Squash

Gør: 6

INGREDIENSER:
- 1 tsk olivenolie
- 16-ounce pakke med skiver friske cremini-svampe
- 1½ kopper ukogt fuldkornsskallet byg
- 1½ tsk sherryeddike
- 1½ ounce parmesanost, revet
- ½ tsk granuleret sukker
- 1 frisk salviekvist plus 3 spsk friske blade
- Madlavningsspray
- 4 kopper usaltet grøntsagsfond
- ⅞ teskefuld kosher salt
- 4 kopper skrællet og hakket butternut squash
- ½ tsk sort peber
- 1 gult løg, hakket
- ⅓ kop cashewcreme

INSTRUKTIONER:
a) Varm olien op i en stegepande ved middel varme.
b) Sauter løgene i cirka 5 minutter.
c) Tilsæt svampene i gryden og kog i 8 minutter under jævnlig omrøring.
d) Kog under jævnlig omrøring i 1 minut med byg- og salviekvisten i gryden.
e) Spray indersiden af en Langsom Komfur med madlavningsspray.
f) I Langsom Komfur, kombiner bygblandingen, bouillon, salt, peber og sukker; rør for at kombinere.
g) Drys squashen ovenpå.
h) Kog i 5 timer på HIGH, tildækket.
i) Fjern salviekvisten.
j) Mos butternut squash-terningerne i risottoen med bagsiden af en ske, indtil de er glatte.
k) Bland cashewcremen og eddike i, indtil det er godt blandet.
l) Pynt med ost og salvie.

SERVICE

88. Rosenkål med citron

Gør: 6

INGREDIENSER:
- 2 pund friske rosenkål, halveret
- ¼ tsk sort peber
- 2 spsk barberet pecorino Romano
- ½ tsk kosher salt
- Madlavningsspray
- 1 tsk citronskal
- 3 spsk frisk citronsaft
- ½ kop usaltet hønsefond
- ¼ kop pinjekerner, ristede

INSTRUKTIONER:
a) Kombiner rosenkål, bouillon og salt i en Langsom Komfur.
b) Kog tildækket på HIGH i 1 time og 30 minutter.
c) Madlavning spray en slagtekyllingepande eller bageplade med kant beklædt med aluminiumsfolie.
d) Overfør rosenkålen fra Langsom Komfur til den opvarmede slagtekyllingspande med en hulske.
e) Dryp med 2 spsk citronsaft og smag til med peber.
f) Steg i 3 minutter, og drys med den resterende 1 spsk citronsaft.
g) Server med pinjekerner, ost og citronskal på toppen.

89. Braiseret Collard Greens Med Pepperoncini

Gør: 10

INGREDIENSER:
- 1 kop hakkede rødløg
- 2 kopper usaltet hønsefond
- ½ tsk kosher salt
- 16-ounce pakke med collard greens, hakket
- 1 spsk olivenolie
- 1 spsk hakket hvidløg
- 2 ounce pancetta i tern
- 4 friske timiankviste
- ¼ kop udrænede syltede pepperoncini-skiver

INSTRUKTIONER:
a) I en 6-quart Langsom Komfur, kombiner collard greens, hønsefond, løg, pancetta, hvidløg, olie og timian.
b) Kog ved svag varme i 8 timer.
c) Fjern timiankvistene.
d) Server straks med den syltede pepperoncini og salt.

90. Ahorn-valnød gulerødder

Gør: 8

INGREDIENSER:
- 1½ spsk usaltet smør, skåret i stykker
- 2 spsk frisk citronsaft
- ¼ kop ren ahornsirup
- ½ tsk hakket frisk rosmarin
- ¼ kop (2 ounce) brandy
- 2 pund gulerødder, skrællet og skåret diagonalt i 3-tommers stykker (6 kopper)
- ½ tsk kosher salt
- ½ kop hakkede valnødder, ristede

INSTRUKTIONER:
a) Kombiner gulerødder, ahornsirup, brandy og citronsaft i en 6-quart Langsom Komfur.
b) Drys gulerodsblandingen med smør og salt.
c) Kog ved svag varme i 4 timer.
d) Læg gulerødderne i en skål og drys med valnødder og rosmarin.

91. Karry Blomkål Og Kartofler

Gør: 10

INGREDIENSER:
- 1 spsk usaltet smør
- 2 pund babyrøde kartofler, halveret
- 2 kopper hakkede gule løg
- 1½ spsk varmt Madras karrypulver, plus mere til pynt
- 10 spsk fedtfattig creme fraiche
- Madlavningsspray
- 4 kopper blomkålsbuketter
- 1 kop hakket frisk koriander
- 6 ounce babyspinatblade
- 15-ounce dåse knuste tomater uden tilsat salt
- 1 kop blommetomater i tern
- 1¼ tsk kosher salt

INSTRUKTIONER:
a) Purér koriander, knuste tomater og 1 kop løg i en blender, indtil det er glat.
b) Smelt smørret i en nonstick-gryde ved middel varme.
c) Rør de resterende 1 kop løg i, så det dækkes.
d) Kog, tildækket, i 5 minutter, eller indtil løget er gennemsigtigt.
e) Tilsæt karrypulver og kog under konstant omrøring i 1 minut, eller indtil dufter.
f) Tilsæt koriander og kog indtil korianderblandingen er boblende ca. 3 minutter.
g) Overtræk kartofler og blomkål i madlavningsspray og læg dem i en Langsom Komfur.
h) Tilsæt karryblandingen.
i) Kog under låg i 4 timer.
j) Kom spinat, blommetomater og salt i en røreskål.
k) Creme fraiche skal placeres oven på hver portion.
l) Drys med det resterende karrypulver jævnt.

92. Langsom Komfur italienske bønner

Gør: 10

INGREDIENSER
- 1 løg, hakket
- 1 tsk sukker
- 2 spiseskefulde oliven- eller vegetabilsk olie
- ¼ tsk kværnet peber
- 3 fed hvidløg, hakket
- 1 dåse stuvede tomater, pureret
- Salt, 1 tsk
- Parmesanost, 2 spsk
- 4 tsk basilikum, hakket
- 2 pund grønne bønner, hakkede og dampede
- ½ kop vand
- 3 spsk oregano

INSTRUKTIONER:
a) Svits løg og hvidløg i olie. Sæt i Langsom Komfur.
b) Tilsæt de øvrige ingredienser og kog i 1 time ved lav temperatur.

93. Bacon Baked Beans

Gør: 6

INGREDIENSER
- Svinekød og bønner, 2 dåser
- Chili bønner, 1 dåse
- 1 kop løg, hakket
- 2 tsk chilipulver
- 2 fed hvidløg, hakket
- 8 ounces enchiladasauce
- 1 spsk mel, til al brug
- 8 skiver bacon, kogt og smuldret
- Brun farin, ½ kop
- 1 tsk spidskommen pulver
- 1 kop Monterey jack ost, revet
- 1 dåse grøn chili i tern

INSTRUKTIONER:
a) Svits hvidløget i bacondryppene, til det begynder at brune.
b) Kombiner alt undtagen ost; bland og anbring i en Langsom Komfur.
c) Kog i 1-2 timer ved lav temperatur.
d) Tilsæt ost.

DESSERTER

94. Majsmel-Toppet Kalkun Chili Pie

Gør: 8

INGREDIENSER:
- 6 spsk rapsolie
- ¾ kop universalmel
- 2 tsk bagepulver
- 1 æg, pisket
- 1 løg, hakket
- ¾ kop fint gult majsmel
- 2 fed hvidløg, hakket
- 1½ tsk kosher salt
- Madlavningsspray
- 2 (14,5 ounce) dåser ildstegte tomater, udrænede
- 1½ pund mager malet kalkun
- 4 ounce skarp cheddarost, revet
- 1 kop usaltet hønsefond
- 2 spsk chilipulver
- Friske korianderblade
- 15-ounce dåse sorte bønner, drænet og skyllet
- ¾ kop 2% fedtfattig mælk

INSTRUKTIONER:
a) Opvarm 2 spsk olie i en stegepande.
b) Tilsæt kalkun og løg og sauter indtil de er brunet i cirka 7 minutter.
c) Tilsæt hvidløg, chilipulver og 1 tsk salt i cirka 1 minut.
d) Overfør til en Langsom Komfur, der er blevet sprøjtet med madlavningsspray.
e) Bland tomater, bouillon og bønner i, indtil det er godt blandet.
f) Sigt bagepulver, mel, majsmel og det resterende salt.
g) Tilsæt æg, mælk, ost og den resterende rapsolie for at lave en dej.
h) Hæld majsmelsdejen over kalkunblandingen i slowcookeren. Kog i 4 timer og 30 minutter.

95. Spring Veggie Pot Pie

Gør: 6

INGREDIENSER:

- 2 spsk plus 2 teskefulde olivenolie
- 16-ounce pakker med skåret cremini-svampe
- 8 ounce røde kartofler, skåret i 1- til 1½-tommers terninger
- 2 tsk hakket frisk timian
- 1 kop diagonalt skåret gulerødder
- ½ kop fuldkornsdejsmel
- 3 fed hvidløg, hakket
- Madlavningsspray
- 1⅜ tsk kosher salt
- 1 kop porre i skiver
- 1 kop friske eller frosne grønne ærter
- ¼ kop mælk
- 1½ dl usaltet grøntsagsfond
- ¼ tsk sort peber
- ½ kop plus 3 spiseskefulde universalmel
- 2 spiseskefulde halv-og-halv
- 3 spsk afkølet usaltet smør, skåret i små stykker
- 1½ tsk bagepulver
- 1½ ounce skarp cheddarost, revet
- 2 spsk hakket frisk purløg, plus mere til pynt

INSTRUKTIONER:

a) Opvarm 2 teskefulde af olien i en nonstick-gryde ved middel varme.

b) Kog i 5 minutter, under omrøring ofte, efter tilsætning af svampe, kartofler, porrer og gulerødder.

c) Kog i 1 minut, omrør ofte, efter tilsætning af hvidløg og salt.

d) Læg grøntsagsblandingen i en smurt Langsom Komfur.

e) Opvarm de resterende 2 teskefulde olie i stegepanden over medium varme; bland 3 spsk af universalmelet i. Kog i 1 minut,

f) Pisk fonden i gradvist. Kog i 3 minutter, eller indtil det er tyknet og boblende.

g) Tilsæt timian og peber og bland godt.
h) Hæld saucen i slowcookeren og rør forsigtigt for at inkorporere den.
i) Dække over; kog på LAV, indtil grøntsagerne er møre, 3 til 4 timer.
j) Kombiner wienerbrødsmel, bagepulver og det resterende universalmel.
k) Tilsæt smør, indtil blandingen ligner et groft måltid.
l) Kom ost og purløg sammen i en røreskål.
m) Rør mælken i, indtil den knap er fugtet.
n) I Langsom Komfur kombineres ærterne og halv-og-halvt.
o) Drop kiksene i 6 lige store bunker på blandingen.
p) Kog på HIGH i 1 time.

96. Langsom Komfur Chokolade Karamel kage

Gør: 8

INGREDIENSER
- ⅓ kop tung fløde
- ¾ kop granuleret sukker
- ⅓ kop usødet kakaopulver
- 1½ tsk bagepulver
- 1½ kop universalmel
- 1 dåse Dulce De Leche 300 ml
- ⅔ kop vegetabilsk olie
- 1½ tsk vaniljeekstrakt
- 1 kop mælk
- 1½ kopper halvsøde chokoladechips
- ¾ tsk salt
- 1 kop mælkechokoladechips

INSTRUKTIONER
a) Spray indersiden af en 4-liters Langsom Komfur med nonstick-spray.
b) Bland mel, sukker, kakaopulver, bagepulver og salt.
c) Tilsæt vegetabilsk olie, mælk og vaniljeekstrakt.
d) Inkorporer alle chokoladechips.
e) Placer ingredienserne i den forberedte Langsom Komfur.
f) Kombiner dulce de leche og tung creme i en mikrobølgeovnssikker skål i 45 sekunder.
g) Hæld Dulce De Leche over kagedejen.
h) Dæk til og kog ved høj varme i 3 timer, eller indtil en tandstik indsat i midten kommer ren ud.
i) Server kagen lun eller varm.

97. Langsom Komfur Blackberry Cobbler

Gør: 8

INGREDIENSER:
BLACKBERRY LAG:
- ¼ kop sukker
- 3-5 kopper brombær, skyllet og drænet
- 1 spsk majsstivelse
- 2 spsk saltet smør smeltet

COBBLER LAG:
- 1¼ kop universalmel
- ¾ kop sukker
- 2 spsk saltet smør smeltet
- 1½ tsk bagepulver
- ½ tsk salt
- 1 kop mælk
- 1 tsk vaniljeekstrakt

TOPPING
- ¼ tsk kanel
- 1 spsk sukker

INSTRUKTIONER:
a) Læg brombærrene i slowcookeren.
b) Drys sukker, majsstivelse og smeltet smør ovenpå.
c) Bland disse ingredienser.
d) Kombiner de tørre ingredienser, der er angivet i skomagerlaget ovenfor, og rør for at kombinere.
e) Rør derefter de våde ingredienser i, indtil de er blandet.
f) Hæld denne dej jævnt over brombærene.
g) Kom en spiseskefuld sukker og kanel sammen i en lille ramekin.
h) Drys dette ovenpå dejen.
i) Kog i 2 timer og 30 minutter på HØJ.

98. Langsom Komfur Peanut Butter Chocolate Chip Blondies

Gør: 6

INGREDIENSER:
- ⅔ kop halvsød mini chokoladechips
- ½ kop plus 1 spiseskefuld universalmel
- 1 æg ved stuetemperatur
- ¼ kop sukker
- 3 spsk pakket lys brun farin
- 2 spsk cremet jordnøddesmør
- ¼ tsk bagepulver
- 1 tsk vanilje
- 2 spsk smør, ved stuetemperatur

INSTRUKTIONER:
a) Smør indersiden af din Langsom Komfur rigeligt med smør.
b) Drys derefter med mel og vip for at dække siderne og bunden.
c) I en røreskål kombineres mel og bagepulver og stilles til side.

d) I en mellemskål blandes smør, jordnøddesmør, sukker og brun farin sammen, indtil det er lyst og cremet. Indsæt ægget.
e) Bland vaniljeekstrakten i, indtil blandingen er jævn.
f) Tilsæt melblandingen og vend den forsigtigt sammen med en spatel, indtil den netop er blandet.
g) Rør forsigtigt chokoladestykkerne i.
h) Skrab og glat dejen ind i Langsom Komfur, der er blevet forvarmet.
i) Læg flere lag køkkenrulle oven på Langsom Komfuren, og dæk den derefter med låget.
j) Kog på HIGH i 1 time.
k) Afkøl og skær i 12 stykker.

99. Crock Pot Dulce de Leche

Gør: 16

INGREDIENSER:
- 2 (14-ounce) dåser sødet kondenseret mælk

INSTRUKTIONER:
a) Fyld Mason-glassene til randen med sødet kondenseret mælk.
b) Skru lågene godt fast.
c) Placer oprejst i en langsom komfur.
d) Fyld gryden halvvejs med varmt postevand for at dække glassene.
e) Kog ved LAV i 8 til 10 timer.
f) Lad afkøling til stuetemperatur på bordet.
g) Stil på køl indtil det skal bruges.

## 100.	Langsom Komfur æblesprød

INGREDIENSER:
6 kopper skåret og skrællede æbler
3/4 kop universalmel
3/4 kop havregryn
1 kop brun farin
1/2 kop usaltet smør, blødgjort
1 tsk kanel
1/2 tsk muskatnød
1/4 tsk salt

INSTRUKTIONER:
Smør indersiden af din slowcooker med madlavningsspray.
Tilføj skåret æbler i bunden af Langsom Komfuren.
I en separat røreskål kombineres mel, havre, brun farin, blødgjort smør, kanel, muskatnød og salt.
Bland de tørre ingredienser sammen, indtil de danner en smuldrende blanding.
Hæld crumbleblandingen over de skårne æbler i slowcookeren.
Kog ved høj i 2-3 timer eller ved lav temperatur i 4-5 timer, eller indtil æblerne er møre og toppingen er gyldenbrun.
Serveres lun med en kugle vaniljeis eller flødeskum, hvis det ønskes.

KONKLUSION

Langsom Komfur-måltider er en fantastisk mulighed for alle, der leder efter en bekvem og lækker måde at tilberede måltider på. Med minimal forberedelse påkrævet, er de perfekte til travle hverdage eller dovne weekender. Den lange, langsomme tilberedningsproces giver maksimal smag og mørhed, hvilket giver tilfredsstillende og trøstende måltider, der helt sikkert vil behage. Så uanset om du koger en gryde med chili eller en solid oksekødgryderet, er en Langsom Komfur et fantastisk værktøj at have i dit køkkenarsenal.

Milton Keynes UK
Ingram Content Group UK Ltd.
UKHW020814280823
427620UK00015B/882